Basta de Fraudes Electorales 1988-2018

Basta de Fraudes Electorales 1988-2018

Jorge Alberto López Gallardo

Primera edición: marzo 2018

Formación tipográfica: José Guadalupe Rivera Arroyo

Impreso en México / *Printed in Mexico*

El trabajo de edición de la presente obra, fue realizado en el taller de edición de Plaza y Valdés, ubicado en el Reclusorio Preventivo Varonil Norte en la ciudad de México, gracias a las facilidades prestadas por todas las autoridades del Sistema Penitenciario, en especial, a la Dirección Ejecutiva de Trabajo Penitenciario.

Dedicatoria

Dedicado al pueblo del estado de México, víctimas sexenales del fraude electoral, que —por casualidades del calendario— sirven de conejillos de indias para probar y refinar los mecanismos de fraude que serán usados en las elecciones nacionales al año siguiente.

Figura 1. Caricatura del monero Hernández aludiendo al ensayo de fraudes en el Estado de México en el 2017 para su uso a nivel nacional en el 2018

Contenido

Prefacio

En la fábula de Esopo, el joven pastor que cuida de su rebaño tiene la ocurrencia de alarmar al pueblo gritando que un lobo amenazaba a sus ovejas sin que ello sea cierto. Cuando el pueblo se da cuenta de que todo había sido una broma, reacciona, enfurece y deja de responder a los siguientes gritos de alarma del pastor, quien termina perdiendo a sus ovejas cuando en verdad llega un lobo.

En el caso de los fraudes electorales en México, los estudios acerca del fraude y narrados en mis libros anteriores [1,2,3] han tenido el mismo efecto, a pesar de que todos estos estudios han hecho sonar las alarmas al detectar fraudes por la vía científica, el pueblo "adormecido" —tal vez por la recurrencia de los fraudes o por nuestros gritos— ya no ha reaccionado. Después de decenas de estudios y libros publicados, los gritos de alarma siguen siendo ignorados por el grueso de la población.

Se dice que los libros que uno escribe son como hijos propios, si eso es cierto los míos son "hijos no deseados". Cuando escribí el primero 2006 ¿Fraude Electoral? [1], la motivación era presentar el peso y trascendencia de los estudios científicos en el análisis de elecciones mexicanas. En mi segunda obra titulada segundo, 2012 ¿Fraude Electoral? [2], traté de extender los estudios de forma retroactiva, es decir, utilizar lo aprendido en el 2006 para atisbar en la elección presidencial que se avecinaba (2012). Al terminar pensé que con la metodología desarrollada ya habíamos descubierto todo lo que había por descubrir; estaba equivocado. El tercer libro, Estudios Científicos de Fraudes Electorales en México [3], agregó un gran capítulo más —el del fraude del 2012— al compendio de estudios de elecciones; algo que nunca quise tener que hacer.

El "mapachismo" como fenómeno social, había desaparecido de hecho en la elección presidencial del 2006. Como se vio en el primer libro, todos los estudios de las anomalías electorales indicaron posibles manipulaciones de datos electorales tanto en el Programa de Resultados Preliminares (PREP) como en el Conteo Distrital, manipulaciones que habrían sido enteramente cibernéticas. Si, como lo propuso el Dr. Víctor Romero Rochín en su teoría, el fraude se dio por medio de computadoras, se hubieran necesitado simplemente algunos rellenos de votos en los pocos paquetes que fueron revisados en el recuento. De hecho, en el primer libro se hablaba del desempleo de los mapaches como "víctimas de la modernidad".

Figura 2. Portada de los libros anteriores [1, 2, 3]

Mi desconexión con las elecciones estatales del 2011 (*mea culpa*), que sucedían al tiempo que escribía el segundo libro, impidió que me enterara del aparente regreso de las trampas "clásicas". En sí, el segundo libro, al ver crecer en fuerza al candidato del Partido Revolucionario Institucional (PRI) bajo un Instituto Federal Electoral (IFE) en un gobierno del Partido Acción Nacional (PAN), terminó sin conclusión, limitándose a señalar lo obvio, que de haber fraude, éste sería en contra de algún candidato "no alineado". Teniendo el IFE de entonces (2012) la misma maquinaria cibernética, era seguro que, sí habían hecho fraude en el 2006, lo podían hacer en el 2012; la única duda era cuál candidato sería el beneficiado.

Pero la política mexicana, como novela de Cortázar, tiene una sorpresa a la vuelta de cada hoja. En lugar de alinearse a los designios de un IFE omnipotente, todo indica que en las elecciones estatales del 2011 el PRI tomó el control de su propio destino y, recurriendo a los trucos que conocía, los adaptó al uso de tarjetas para la compra de votos ganando en todos los estados.

Para principios de la campaña electoral del 2012, los "Anomaleros" y otros iniciados en el estudio del fraude electoral, vislumbraban la posibilidad de una lucha de fraudes: uno tradicional a favor del PRI contra otro cibernético a favor del PAN. Claro que tal escenario subestimaba la capacidad de negociación de la cúpula que parece gobernar el país. Debido al arranque tempranero del candidato del PRI con el apoyo de la televisora más grande de América Latina, la alineación de las fuerzas —aunque gradual— terminó dándose por completo; la escena que hizo público el compromiso parecía salida de "La ley de Herodes" o alguna otra película de Luis Estrada: Fox, un ex presidente del PAN haciendo campaña para el PRI.

Una vez que "el compadre que todos quisiéramos tener" (según Muñoz Ledo) puso en claro que el PAN se rendía ante el PRI, todo parecía indicar que, de haber un fraude, éste se daría de manera cibernética por ser más controlable y sencillo de implementar. De nuevo no habría necesidad de recurrir al fraude manual que requiere de tanta participación humana. Esto no fue así, pero tampoco dejó de serlo.

En la elección presidencial del 2012, los videos de los observadores de #YoSoy132, los reportes de www.contamos.org.mx, y los artículos de La *Jornada*, *Proceso* y Aristegui mostraron compra de votos, robo de urnas, balaceras, secuestros, carruseles, y cientos de hechos delictivos más. El documento de impugnación presentado por la coalición Movimiento Progresista constituye en sí un catálogo de ilegalidades que debió servir para anular la elección. Esto indica que al parecer sí hubo fraude "a la antigüita", pero ¿hubo fraude computarizado?

Por tanto, la motivación del tercer libro, ¿qué podían decir los estudios científicos acerca de un fraude conocido? Sabemos que la metodología usada para estudiar el 2006 puede detectar modificaciones cibernéticas, pero ¿podía también decir algo acerca de la compra de votos o modificación de actas? Por otro lado quedaba la duda, ¿además de la compra de votos, también hubo manipulación cibernética de los datos electorales?

Estudios Científicos de Fraudes Electorales en México dejó en claro que la metodología usada por Mochán, Romero Rochín, Ibarra Salazar, García Bojórquez, Becerra Sagredo, Ruiz García, Cota Preciado, Jair Garza, Jorge Zavala y muchos otros no sólo sirve para detectar fraudes tradicionales, sino que también ayuda a detectar fraudes al comparar datos nuevos con los de elecciones pasadas.

La importancia de este cuarto libro radica en su potencialidad de usar estudios anteriores para vislumbrar el fraude que seguramente ocurrirá en el 2018. El libro contiene un resumen extendido de los estudios de las elecciones de 1988, 2006, 2009 y 2012, al igual que análisis de las elecciones intermedias del 2011 (que resultaron premonitorias de la federal del 2012) y la del 2017, que sin duda nos permitirá atisbar en lo que sucederá en el 2018. Un agregado de importancia son las investigaciones de Macario Hernández Garza acerca de las encuestas de la elección presidencial del 2012.

**Figura 3. Artículo de Reporte Índigo
de 7 de junio de 2012**

Al igual como lo hice en el tercer libro, cierro este prefacio agradeciendo a todos los que con su ayuda han hecho posible que este libro vea la luz del día. Le agradezco a colegas y amigos quienes desde Canadá hasta Argentina me entrevistaron para periódicos, radio o televisión, me invitaron a hacer presentaciones, o me ayudaon en la difusión de trabajos anteriores.

A riesgo de que se me escape algún nombre le doy gracias a Pablo Arredondo (UdG), Rigoberto Ávila Ordoñez (PRD), Eduardo Bistraín (MORENA-GDL), Leon Blevins (El Paso Community College [4]), Roberta Carrillo (Reporte Índigo [5]), Abel Díaz de León ("Caja Negra", Universidad de Guadalajara, [6]), Claudio Dorso (Universidad de Buenos Aires), Brian Edwards-Tieker ("Radio Pacífica", Berkeley [7]), Iñaki Fernández y Miguel Guerrero (Colectivo Cinema Errante, San Francisco), Lilia Galindo ("Café con Leche", Valle del Antílope, California [8]), Artemio Gallegos (UNAM), Roy Green (Canadian Radio Network), Marcos Gutiérrez y Michelle White ("Hecho en California", San Francisco [9]), Ignacio Hernández ("Volumen Extremo", Dallas), Jesús Ibarra Salazar ("Politica Electoral"), Julio Antonio Molinet (Diario de El Paso [10]), Samuel Orozco y Chelis López ("Línea Abierta" de Radio Bilingüe, Oakland [11]), Ángel Otero Calderón y Arturo del Hierro ("Hilo Directo" de RadioNet, Cd. Juárez [12]), Martha Elena Ramírez ("Línea Abierta" Edición México, México D.F. [13]), El 5antuario (Guadalajara), Leonardo Schwebel ("Rendijas" de OchoTV, Guadalajara [14]), Ruben Tapia ("Enfoque Latino" de Radio Pacífica, Los Ángeles, [15]), Diana Washington Valdez (El Paso Times [16]), Colegio de Chihuahua (Cd. Juárez), CUSCH de la Universidad de Guadalajara (Guadalajara, Jalisco), Marcos Gómez Ortega y Librería Casa de Letras (Zapopan, Jalisco), Librería León (Puebla), Víctor Carrillo (Universidad Autónoma de Cd. Juárez), Universidad Pedagógica Nacional en Cd. Juárez, Centro Cultural Brasil-México (Ciudad de México), José Pérez Rucobo (Radio la Nueva República, Nuevo Casas Grandes, Chih. [17]), Araly Castañón (El Diario, Cd. Juárez [18]), y Antonia Tapia (Reporte Nivel Uno, Ciudad de México [19]).

Finalmente vaya un agradecimiento especial a Samuel Schmidt, quien con su participación ha hecho posible éste y todos mis libros anteriores.

Jorge Alberto López Gallardo
El Paso, Texas
Febrero de 2018

15

Prólogo

En 2017 se registraron dos terremotos en México. En septiembre un sismo estremeció a varios estados y a la Ciudad de México generando un gran daño económico, social y político, entre otras cosas profundizó la desconfianza en el gobierno al cual meses después se le exige dar cuentas del destino de la ayuda internacional; en noviembre el gobierno impulsó a un neoliberal más hacia la presidencia de la República para cuidar las espaldas de la pandilla dominante, y asegurar la continuación de un proyecto que ha sido devastador para la mayoría de los mexicanos.

José Meade fue creado desde el gobierno de Calderón y entrenado intensamente por Peña (tres secretarías en cinco años) para darle el conocimiento del funcionamiento de áreas sensibles y estratégicas en el gobierno. El problema de Meade es que en las encuestas previas calificaba muy abajo. En la encuesta de Mitofsky de noviembre de 2017 Meade ocupaba el noveno lugar entre los más recordados, el decimoprimero con opinión buena, con 8%, López Obrador en primer lugar tenía 26.7% y éste va 48 puntos arriba de Meade entre los más recordados. En la Encuesta de Alcaldes de México del 13 de octubre de 2017 frente a la pregunta de ¿por quién votaría hoy?, Meade recibía 10.4% contra 32.3% de Andrés Manuel López Obrador (AMLO). Hasta diciembre Meade no lograba superar el tercer lugar y en ejercicios de internet, llegaba a estar más de 30 puntos abajo.

Es cierto que las encuestas mexicanas son manipuladas, pero podemos sostener que si todas mienten, la tendencia puede convertirse en verdadera. Esa tendencia muestra que AMLO es puntero y que Meade va muy abajo. Seguramente muchos priistas seguirán pensando que "caballo que alcanza gana", pero este caballo parece muy débil como para acortar una distancia tan amplia.

La pregunta es ¿por qué Meade fue escogido por la cúpula neoliberal y sus asociados? Algunas voces empresariales dicen que Peña Nieto tiene miedo de ser el primer presidente encarcelado, lo que sería un buen comienzo. Otros que la imagen de Meade es vendible para una fracción de la clase media alta y la oligarquía que han comprado la sandez de que AMLO nos llevará al modelo venezolano (cualquier cosa que esto sea) y, finalmente, porque es el continuador del neoliberalismo que aplicaría las lecciones del modelo para terminar de privatizar los recursos naturales fortaleciendo a la oligarquía; en la mira tienen al agua.

Eliminados los opositores en el PRI, su participación en las encuestas mejoró, lo que era esperable. Esto en apariencia implica que las encuestas en el PRI y posiblemente en otros partidos, no son el factor central para nominar candidatos, especialmente por el elevado nivel de manipulación de las mismas. Pero además, éstas sirven como instrumento de medición al que se le sobrepone la correlación de fuerzas saliendo vencedor el grupo que domina las decisiones. La pandilla neoliberal dio suficientes señales, las que muchos descartaron tal vez esperanzados de que no se cumpliera una maniobra que se veía nefasta.

Así como las encuestas son un indicador flojo para comprender los procesos políticos, también lo son los conteos previos, y lo que parece imponerse son las múltiples formas de fraude electoral, desde las tecnológicas como incluir algoritmos en el PREP y después enviar el conteo definitivo al terreno de la negociación cupular, hasta la compra de votos por medio de monederos electrónicos o la entrega de efectivo. En esencia implica lo mismo quemar las boletas para evitar recuentos como hizo Carlos Salinas de Gortari aliado con el PAN, que manejar al Instituto supuestamente encargado de garantizar la limpieza electoral a manipular el recuento de tal forma que, el fraude se imponga, como hizo el IFE con Calderón. En la mira se encuentra el hecho de comportamientos sociales inusuales, como encontrar a Romero en las elecciones de 2012.

Así encontramos que, mientras más instituciones se crean, más dinero se gasta en vigilar las elecciones, mientras la impunidad se impone a la hora de los fraudes, como sucedió en 2017 en Coahuila y el Estado de México, este último estado se considera entre la comentocracia como el modelo que se implantará en el 2018 y que funcionó con la venia de un Instituto Nacional Electoral corrupto y servil ante las instancias de poder.

Luis Mochan, Jorge López y otros físicos y matemáticos encontraron el análisis político al parecer por accidente, ya que como muchos mexicanos observaban el espectáculo montado por el IFE para dar resultados electorales en tiempo real; esto suponía mostrar el progreso en la política de un país conocido por su corrupción y trampas electorales, y se traducía en el discurso acerca de la transparencia que está muy de moda entre los políticos pero muy lejos de las prácticas políticas que cada día se vuelven más opacas.

Para un país, cuyo habitante promedio carece de habilidades aritméticas (incluidos la mayoría de los politólogos), la numerología en la pantalla de la televisión o de las computadoras es sorprendente y casi borda en lo mágico. Pero el espectáculo tenía truco. Así como el prestidigitador desaparece cosas y las aparece en el bolsillo de un asistente al espectáculo, en México desapareció la voluntad popular por medio de una manipulación algorítmica de los resultados electorales. Algunos científicos que preguntan hasta la saciedad, empezaron a encontrar anomalías en los resultados. Frente al argumento de que "a AMLO se lo chingaron", hay que confrontar que el fraude burla a la sociedad, arruina el consenso y la legitimidad, lo que se traduce en un refuerzo del aparato represor que "atiende" las consecuencias sociales generadas por un gobierno no electo.

Con el tiempo los estudios han ido profundizando y encontrando otras anomalías, como la manipulación de las encuestas. Pero también los tramposos han ido "modernizando" sus técnicas de defraudación.

Entre los científicos, siguiendo la politización mexicana, se conformó un grupo llamado los "anomaleros", es decir, aquellos que descubren anomalías en el manejo de resultados electorales, disciplina que tendrá un gran futuro en el mundo, porque tampoco en esto México tiene el monopolio, aunque constantemente se sofistica. Es pertinente preguntar si México ha exportado su tecnología de fraude.

Entre las muchas formas de fraude electoral destacan las siguientes (http://es. wikipedia.org/wiki/Fraude_electoral):

- Suplantación del elector, consiste en que otra persona vota en lugar del elector, por ejemplo, personas que han fallecido.
- Coacción o presión al elector para impedirle que libremente elija el candidato o una opción propuesta.

- El "carrusel" es el acarreo de votantes, o traslado de personas, por parte de dirigentes políticos, a la urna con el fin de que depositen el voto a su partido.
- Compra de votos.
- Robo de urnas antes de que sean debidamente computados los votos.
- Robo de paquetes electorales antes de que sea debidamente corroborado el conteo.
- Adulteración de las actas de la elección modificando los números de sus resultados reales.
- Sustitución de paquetes electorales, actas, etcétera.
- "Embarazo de urnas", es decir, introducción de fajos de boletas previamente marcadas en la urnas para inflar la votación de una candidatura, partido u opción electoral.
- Caída de los sistemas de cómputo en red para confundir a la opinión pública y manipular los resultados electrónicamente.
- Utilización de recursos ilícitos para aumentar el gasto de campaña y obtener ventaja ilegal en la publicidad.
- Complicidad con funcionarios de los procesos electorales para ocultar las evidencias del fraude electoral.
- Intervención del Gobierno para favorecer a un candidato, partido o propuesta electoral, mediante propaganda maliciosa o ejecución de obras concretas ofrecidas por el candidato o partido al que se quiere favorecer de manera fraudulenta.
- Control de los medios de comunicación para confundir y engañar a los electores haciéndolos creer que el resultado fraudulento es legítimo.
- Uso de la fuerza pública contra los inconformes.
- Uso de la fuerza pública para sustraer urnas del conteo.
- Remoción de las urnas de los lugares oficiales de resguardo para resguardarse en lugares privados.
- Manipulación de los sistemas de cómputo.
- Soborno de las personas que cuentan los votos.
- Soborno de las personas que cuidan las casillas.
- Voto cadena. Permite la compra de votos, el primero que entra a votar, pone otra boleta (no la autorizada) probablemente ese voto quedará impugnado, pero se lleva consigo la boleta válida. Luego puede organizar una cadena de votos asegurándose que son a su favor, aunque haya cuarto oscuro. A cada persona, le ofrece alguna

recompensa si trae la boleta en blanco. De utilización frecuente en zonas de bajos recursos donde operadores políticos organizan la cadena.
- Trasladar personas de un distrito a otro.
- Taqueo.
- Anillos trucados. Se pone una tiza de color en la parte interna del anillo para alterar la boleta en el momento del conteo para invalidarla.
- Casillas zapatos, donde un candidato gana todos los votos.
- Fraude electrónico: corrupción en los sistemas informáticos que cuentan los votos.
- Fraude mediático: no en las urnas, sino durante la campaña...
- Desequilibrio de las campañas de los candidatos en los medios.
- Favoreciendo a un candidato, generalmente del partido gobernante.
- Desacreditando a un candidato, generalmente de la oposición.
- Incendio de oficinas donde se almacenan boletas electorales para evitar recuentos.

Esta lista no es exhaustiva ni definitiva porque los que defraudan elecciones y con ellas a la sociedad, tienen una gran imaginación y conocimiento acerca de mecanismos de lavado de dinero e ingeniería financiera poniéndola al servicio de la política, y siempre parecen ir un paso adelante de los que intentan frenar el fraude propiciando respeto para la voluntad social; eso parece ser lo que sorprendió a Jorge López y anomaleros que lo acompañan, pero también sorprendió a candidatos defraudados.

Andrés Manuel López Obrador estaba convencido de que el fraude del 2006 había sido tradicional, es decir, que se habían alterado los conteos en las casillas y por eso pedía contar voto por voto y casilla por casilla, ese convencimiento agregado a su poca educación científica lo llevó a no prestarle la atención debida a los primeros modelos matemáticos que le entregaron mostrando el fraude algorítmico. La manipulación del PREP tenía una continuación decisional para la imposición del fraude. Él tal vez creyó que la fuerza lograda en la elección lo ayudaría a forzar la apertura de las urnas, pero lo que él llama la mafia del poder, logró dar el golpe de urna para imponerle a la sociedad a un político no electo.

Ese es un gran déficit en la política mexicana. Políticos con deficiente educación científica que los lleva a depender en mayor medida de su instinto y a descartar en gran medida lo que encuentran los científicos. Y mientras se sostiene que el sistema de poder ha llegado al nivel de negociar gubernaturas, presidencias municipales y diputaciones, al grado —se dice— de preparar urnas llenas para sostener triunfos. Eso se menciona entre círculos priistas en Chihuahua que tratan de explicar cómo un candidato como Javier Corral quien iba abajo en las encuestas por dos dígitos se levantó con la gubernatura y el PAN arrasó en el Estado. Argumentan que ese fue el pago a cambio de los votos para que "pasaran" las reformas estructurales. Si eso es cierto, la democracia mexicana ha sufrido una estocada mortal.

He recorrido un largo periplo con Jorge López. Nos conocimos en la Universidad de Texas en El Paso y encontramos un terreno de diálogo no obstante que nuestros enfoques científicos eran muy disímbolos: él físico y yo politólogo, él nunca expresó lo que decían sus colegas acerca de lo poco científico de la ciencia política (con minúscula), aunque en su libro lo resolvió con un aforismo muy afortunado: "Pobres de los doctores en ciencia política, tan cercanos a la política y tan lejos de la ciencia". Frase que le ha dolido a muchos de los que cubren con retórica la falta de rigor en sus análisis e imprecisión en las conclusiones. La ciencia política se ha anquilosado, recicla con facilidad o ligereza conceptos quitándoles gran parte de su contenido, como sucede con el concepto *crisis* o recientemente con la categoría *populismo*, al que encuentran en todos lados, con gobiernos disímbolos y distintas realidades sociales, encuentran populismo de derecha de izquierda, en gobiernos aislacionistas, en movimientos separatistas y en gobiernos que buscan frentes continentales. Al final del cuento no se entiende nada, porque el concepto se convirtió en insulto. Esto parece ser un problema menor ante la importación de conceptos acuñados para explicar realidades distintas, como el de *Tejido Social* que se adoptó acríticamente para culpar a la sociedad de las fallas de la política (el tejido político), es lo que alguien denominó tropicalizar conceptos, refiriéndose a adaptaciones inadecuadas. Son estos mismos doctores quienes le han tratado de quitar veracidad a los modelos matemáticos aplicados al análisis de resultados electorales porque rompen el paradigma desprendido de la cercanía al poder. Estuve a punto de reírme sin poder contenerme cuando escuché el argumento de que Luis Mochán no sabe estadística, con lo que supuestamente se descalificaba su análisis del PREP.

Mochán es el iniciador de este nuevo enfoque analítico. La historia es que viendo cómo los resultados del PREP en 2006 contradecían una ley estadística, escribió un programa de cómputo, bajó los datos del PREP y descubrió la primera anomalía. Como usualmente sucede en la ciencia, o Mochan le comentó a algún colega lo que descubrió o a alguien más le llamó la atención que el conteo de votos contradijera a la realidad y se empezaron a aplicar distintos modelos para estudiar los datos; todos confirmaban las anomalías.

Ahora que Jorge López nos presenta la cuarta edición del libro, vemos que su pertinencia consiste en mostrar que persiste el fraude, que se sofistica buscando engañar a la sociedad para imponer las complicidades del poder y por ende, que la historia se repite, se maneja simultáneamente el fraude tradicional con el moderno, concurriendo varias de las formas de fraude que se listan lineas atras.

Tuve la oportunidad de estar en un bunker electoral, ahí dónde se deciden los operativos para "movilización" de voto, y uno de los "expertos", cuya expertez se podía juzgar por la cantidad de teléfonos que tenía, después de mucha insistencia reconoció que su candidata iba 4 puntos arriba en la encuesta de salida. El corte se había hecho a la 1 pm y si se acepta la premisa de que la mayoría de la gente vota en la mañana, 4% podían demostrar un triunfo. En el corte de las 4 pm la ventaja seguía igual. Según yo podían empezar a celebrar porque sus resultados mejoraban los que yo había recolectado. Yo había hecho una encuesta telefónica el día anterior bajo el supuesto que la encuesta de un día antes es casi definitiva porque la gente ya decidió lo que va a hacer, el resultado la ponía a ella adelante por menos de medio punto porcentual, dato irrelevante porque ese tipo de encuesta tiene un margen de error elevadísimo. El caso es que la mujer perdió la elección por casi 8 puntos. Había que reflexionar acerca de qué sucedió con los aprendices de brujo. Mi encuesta reflejó un índice de abstención de alrededor de 60% -en algunas ciudades llegó al 66-, hubo una frecuencia elevada de gente que respondía con mentadas de madre, con menciones acerca de la secrecía del voto, la indefinición o aceptando que no votarían, lo que ya decía mucho acerca de la cultura política en ese estado. Pero lo intrigante fue la encuesta de salida y sus 4 puntos porcentuales arriba: o bien la encuesta estaba mal hecha al concentrarse en los distritos donde había preferencia para ese partido, el experto simplemente mentía para no aceptar que su trabajo había estado mal hecho, alguien le mentía a él, no tenían la menor idea de lo que hacían, o todas las anteriores. Porque a partir de su argumento de ventaja se determinó no movilizar el voto. Esa información era sensible porque en ese bunker se estaban tomando decisiones para la movilización del voto, eufemismo para compra de votos, así que manejar información falsa tuvo un peso mayor. ¿Será que en esos niveles políticos la traición domina?

Cuando alguien menciona la imposibilidad de hacer análisis científicos en Ciencia Política —ahora sí con mayúsculas— tal vez debería pensar en la posibilidad de considerar las respuestas indeseadas a preguntas formuladas, o formular preguntas pertinentes aunque traigan respuestas indeseadas. A nadie le gusta perder una elección y menos a los expertos que cobran por servicios de ingeniería electoral, aunque finalmente siempre encontrarán una respuesta que le transmita la culpa a alguien más.

Cuando Jorge me entregó el borrador de la primera edición de su libro acerca de *Los Anomaleros*, ese era el título original, poco comercial y muy de mensaje entre amigos, le dije que me gustaría prologar ese libro, de esa manera su libro consiguió ser leído más allá de físicos y matemáticos; los politólogos que por lo general son enemigos de las matemáticas se enfilaban contra mi prólogo y tal vez ignoraban el texto de Jorge, en más de una ocasión cuando Jorge me lo contaba yo le decía: "es que lo mío lo entienden, lo tuyo no". Posteriormente siendo director de El Colegio de Chihuahua impulsamos un taller acerca del fraude electoral en conjunto con el Tribunal Estatal Electoral y el Instituto Estatal Electoral de Chihuahua, donde entregamos una copia del libro a cada participante, bajo la premisa de que cada quien puede convertirse en un vigilante electoral porque la tecnología se encuentra en una laptop, de hecho se pueden correr modelos en Excel. Pocos partidos políticos se mostraron interesados y hubo fuertes reacciones del gobierno cuando declaré lo profundo del fraude electoral en la cultura política y en las prácticas políticas.

A lo largo de este lapso, el libro de Jorge no ha tenido el impacto que debió tener por una variedad de factores: pobreza de la ciencia política y el temor de incorporarlo a las discusiones académicas en ese terreno; falta de audacia para debatir un tema político importante con instrumentos científicos, y tal vez cobardía de muchos actores que sostienen críticas muy agudas en privado pero silencios vergonzosos en público.

Para la primera edición, Jorge guarda el anonimato de la institución que publicaría el libro, se trata de El Colegio de Chihuahua, pero el rechazo a que apareciera como una publicación institucional mostrando un esfuerzo interdisciplinario, respondió a la postura de su director ya que no era una política ni decisión de ninguna de las instancias de gobierno (ej. junta de gobierno). El director reconoció que no asociaba el nombre institucional al libro por temor a que la Secretaría de Educación Pública le negara fondos; no sé qué pesó más en la decisión: la cobardía del individuo, su obsecuencia con el poder —después ha sido subsecretario de educación dos veces en el Estado de Chihuahua saliendo sin pena ni gloria— que lo lleva a censurar el conocimiento científico evitando rozar a los políticos con el filo de la crítica académica; podría ser simple ignorancia o falta de compromiso con el avance de la ciencia, o todas las anteriores. No hay duda que atrás quedaron los tiempos de la Universidad como centro de crítica social, económica y política y muchos de los personeros se han convertido en enanos intelectuales y políticos que se arrodillan ante el poder político y sus abusos, cuya recompensa ha sido poder llegar a ser parte del mismo.

Estudios como los que realizan Los Anomaleros perturban la zona de confort de los que acomodan el mundo del conocimiento a las necesidades de la política, con lo que hacen avanzar la mediocridad académica y neutralizan los análisis críticos, que a final de cuentas, los políticos inteligentes pueden recuperar para tomar mejores decisiones y corregir fallas. Tal vez también escasea ese tipo de político, porque la gobernación es cada vez más mediocre e inepta.

Hace algunos años con el desarrollo de la Teoría de Grafos cuyo precursor fue Frank Harary, y la puesta en boga del análisis de redes, las Ciencias Sociales recibieron un gran impulso, se llegaba a contar con un instrumento para medir relaciones sociales, lo que habían logrado los antropólogos de manera limitada, extendiéndose a la sociología y a la ciencia política. Jorge López articuló con su libro un enfoque nuevo que abre un terreno inhóspito en las Ciencias Sociales: estudiar problemas socio-políticos con los instrumentos y métodos de las ciencias duras. Los físicos y matemáticos demuestran que su observación de la realidad, el método para cuestionar hasta lo que parece evidente, los instrumentos y metodologías probadas para medir otro tipo de fenómenos, pueden llevarnos a entender relaciones sociales, económicas y políticas muy complejas. Esta innovación puede verse coartada por el bloqueo de los socialógrafos que inhibe el avance de la ciencia para proteger los paradigmas que les permiten una zona de confort donde las nuevas ideas brillan por su ausencia, aunque claro está, siempre tienen una recomendación para esa sociedad ignorante que no sabe qué hacer y que ansía su guía (un grupo canadiense vende servicios para aprender a ser ciudadano). Por otro lado hay esfuerzos por teorizar lo teorizado hasta llegar a niveles de abstracción que cada día están más lejos de la sociedad que supuestamente deben explicar y que por disposición histórica piensan que deben influir.

No se le puede exigir a las disciplinas que se ocupan del comportamiento humano que tengan la capacidad predictiva de las ciencias duras, pero sí se puede plantear una apertura de miras que permita avanzar más allá de lo anecdótico o retórico, que coinciden frecuentemente para ponerse al servicio del poder.

Si de guiar a la sociedad se trata entonces podrían promoverse estudios críticos acerca de la complejidad societaria para cambiar las relaciones asimétricas entre el poder y la sociedad, pero estos estudios no son los que dan premios, recompensas, acceso al poder y la riqueza. Aceptemos que las clases sociales también penetran la vida académica, y que la acumulación de grados y sumisiones ante el poder, ayudan a la movilidad social.

Estudios y reflexiones como los resumidos en este libro por Jorge López sugieren que se pueden formular nuevas preguntas que rebasen formulaciones decimonónicas, hechas literalmente en el siglo XIX, para poder entender la complejidad social cuya dinámica la hace cada día más distinta.

Jorge López nos entrega una cuarta edición que actualiza los estudios, y los antídotos del poder en contra de los intentos para transparentar el manejo de las elecciones. Hay nuevas preguntas ante las nuevas formas de fraude, lo que sugiere que el fraude electoral ya es un componente estructural de la política mexicana; no tiene por qué desaparecer frente a los manejos facciosos de los procesos electorales, que entre otras cosas reducen la incertidumbre de los que negocian con la voluntad popular y que requieren el poder a toda costa, lo que hacen sin empacho de atropellar a esa democracia en cuyo nombre hablan y juran defender. Una de las riquezas de este libro consiste justamente en que se explora el mismo problema desde diversos ángulos y con distintos modelos, método de exposición que ayuda a dilucidar interrogantes y sugerir nuevas áreas de estudio.

La tecnología que permite estudiar fenómenos con nuevas interrogantes también está cambiando a la sociedad. El llamado no explícito de los físicos y matemáticos cuyos estudios acomodó Jorge López en este libro, es que llegó el momento de modernizar a las Ciencias Sociales, no con el recurso de nombrar de manera distinta los enfoques viejos, sino aprendiendo a hacer nuevas preguntas que lleven a nuevos métodos de indagación y formulación de nuevas hipótesis, optimistamente hasta incluso formular teorías. Entonces sí, no habrá motivos para reclamar la cientificidad y se podrá establecer un diálogo entre las ciencias que nos diga algo más de nosotros y nuestras formaciones sociales.

La aparición de esta edición en el umbral de la elección de 2018 es un llamado de atención para que estemos listos y evitar un despojo electoral más, especialmente cuando lo que está en juego es la continuidad del neoliberalismo, o la búsqueda de un modelo alternativo que corrija el desastre causado durante 35 años debido a un modelo que ha oligarquizado la economía, ampliado la pauperización, y agrandado la desigualdad entre los que tienen de sobra y los que han perdido el futuro.

El anhelo casi utópico de los investigadores y del autor, es que la adopción de estas metodologías ayude a limpiar el sistema electoral y a consolidar la democracia mexicana que camina como el cangrejo.

Samuel Schmidt
Los Ángeles-México D.F.-Tel Aviv, Guadalajara.
Diciembre 2017

La elección de 1988

Yo gané en 1988, no hubo fraude.
CARLOS SALINAS, 2009

El capo recibió las órdenes sin más explicación. Tenía que mandar matar a un individuo sin saber por qué. Aunque estaba acostumbrado a la violencia, no le gustaba matar sin razón. Supuso que la muerte del individuo representaría una ventaja para su socio, quien cubría la parte política y financiera del negocio del narcotráfico. El año era 1988, el cártel era el del Golfo, el capo era Juan García Ábrego, el socio Carlos Salinas de Gortari, y el muerto en ciernes era Francisco Javier Ovando Hernández, coordinador de vigilancia electoral del Frente Democrático Nacional.

Ovando

Las condiciones económicas y políticas (ya desde entonces en mal estado) hicieron que Cuauhtémoc Cárdenas y muchos otros priistas formaran el Frente Democrático Nacional (FDN) para disputarle a Carlos Salinas, candidato del Partido Revolucionario Institucional (PRI), la presidencia de la república. Las encuestas ponían al hijo del ex-presidente Cárdenas como claro ganador.

La designación de Salinas como candidato del PRI en 1987, coincidió con el inicio de su relación con capos del cártel del Golfo [20,21], y de Sinaloa [22]. Un documento oficial [23] documenta una reunión en Nuevo León entre Carlos y Raúl Salinas (hermano del presidente) con Agustino Cisneros, más conocido como Juan García Ábrego, además de otros políticos y banqueros. Documentos posteriores conectaron a Raúl con El

Chapo Guzmán. Declaraciones de García Ábrego indican que la relación, que incluía protección por parte del gobierno y "muchos presentes" en dirección inversa, prosperó y duró por varios años.

Figura 4. Noticia de Televisa de 2001

El sábado dos de julio de 1988, a escasos cuatro días antes de la elección presidencial, Francisco Javier Ovando Hernández, su secretario Román Gil Heráldez y un acompañante más, salieron de las oficinas del Frente Democrático Nacional en el Distrito Federal alrededor de las 9:30 de la noche. Consigo llevaban documentación confidencial de la campaña de Cárdenas, asimismo —y tal vez en su mente— Ovando guardaba la clave de acceso a una mítica computadora que el gobierno federal había adquirido supuestamente para llevar a cabo el fraude [24].

La adquisición de la computadora había sido anunciada en enero de 1987 por Adolfo Onofre, un consultor computacional que había difundido un boletín editado por su propia empresa [25]. En el escrito Onofre describía la adquisición de una computadora Unisys Modelo A9F por la Secretaría de Gobernación, con la que se planeaba alterar las elecciones presidenciales del 88. Asimismo, Onofre había asegurado que la empresa Booz-Allen & Hamilton había diseñado un sistema llamado "Algoritmo del 40%", que permitiría revertir los resultados electorales automáticamente.

Figura 5. Adolfo Onofre

Fuente: Foto Contralínea.

Después de dejar al tercer acompañante cerca de su hogar, Ovando y Gil fueron interceptados y llevados a un lugar remoto y desolado. A juzgar por los casquillos de calibre 22 y 38 encontrados en el auto, dos sicarios ultimaron a Gil —en el asiento delantero y de cuatro balazos en la cabeza, prácticamente a quemarropa— y a Ovando —en el asiento trasero, con un balazo que penetró por el oído izquierdo.

El paradero de Ovando y Gil no se conoció sino hasta las 11:30 de la noche cuando, gracias a una llamada anónima, la policía descubrió el vehículo. Debido a que tanto el auto como las carteras fueron encontrados, se eliminó el robo como posible causa. Pero —a pesar de que el occiso había sido presidente estatal del PRI, Diputado Federal, y que habían desaparecido documentos confidenciales de la campaña de Cárdenas— el hecho no fue clasificado como asesinato político.

Ovando, de 41 años, fue presidente del PRI en Michoacán cuando Cárdenas fue Gobernador, y Diputado Federal de la República de 1982 a 1985. En la campaña del 88 su encomienda principal era la lucha contra el fraude electoral, tanto por medio de la vigilancia directa de las casillas como de la detección de fraude por medio de análisis de encuestas. Pero al parecer —según John Ross, el legendario articulista estadounidense que vivió en México hasta su muerte en 2011— Ovando había llevado su papel más allá de la simple vigilancia, al haber conseguido la clave de acceso a la computadora donde el gobierno federal fraguaría el fraude.

Basándose en rencillas anteriores entre Ovando y ex-correligionarios del PRI en Michoacán, las investigaciones se fueron por ese lado, dejando fuera de enfoque al autor intelectual. Con el tiempo, en 1993, se encarceló a José Franco Villa, ex–procurador de Justicia de Michoacán, como supuesto autor material del doble asesinato. Como explica Arturo Herrera Cornejo [26], Franco Villa no fue un angelito como procurador de Justicia de Michoacán, pero su detención obedeció a su supuesta participación en el asesinato del Policía Judicial del Estado Gilberto Huerta Fuentes. Jamás se le acusó formalmente ni se le procesó por la muerte de Ovando, "no podemos imaginar al ex-procurador en persona, con su corpulencia y su pierna dañada por la polio, empuñando una pistola la noche del 2 de julio de 1988 en la Ciudad de México", escribió Herrera. Después de su exoneración en 2002, Franco Villa, acusó al fiscal especial Leonel Godoy de haber torcido la ley para ejercer una revancha política.

A pesar que en 2005 se encarceló al policía judicial Javier Serrano Sixtos, ex-colaborador de Franco Villa vinculado a la muerte de Ovando durante el proceso, hay quien opina que aún no se conocen los autores materiales del crimen. Sin embargo, en el 2001 la cadena de televisión estadounidense PBS sí logró aclarar quién fue el autor intelectual.

En entrevista con la televisora en el 2001, Guillermo González Calderoni, comandante de alto rango en la Policía Federal en el período salinista y refugiado en EEUU tras denunciar los nexos de Salinas con el narcotráfico, declaró que a petición del subprocurador, por órdenes del presidente Salinas y resultado de presiones estadunidenses, él se puso en contacto con García Ábrego para pedirle que se entregara.

Según Calderoni, García Ábrego se sorprendió de la petición. No entendía por qué le pedían que se entregara, si él tenía buena relación con la familia Salinas y les había servido; dijo "¿Por qué me persiguen si yo le serví a Salinas? No es correcto que me persiga". Calderoni explicó que Ábrego le dijo que le habían pedido que matara a dos gerentes de campaña de la oposición de Salinas en las últimas elecciones, y afirmó que él envió a la gente que los mató, que los había matado por Carlos Salinas, dijo "Dile a Salinas que lo hice por él". Calderoni también aseguró haber confirmado con otras personas lo revelado por Juan García Ábrego; González Calderoni fue asesinado en McAllen, Texas, en el 2003.

Figura 6. González Calderoni y Salinas

Fuente: Foto *La Jornada*.

Figura 7. García Abrego en 1996

Fuente: Foto Kerwin Plevka, Houston Chronicle.

La famosa "caída" del sistema

Sin Ovando tras la detección del fraude, y como lo cuenta la historia de todos conocida, el robo de la elección de 1988 se pudo dar sin problema alguno. A diferencia de lo acontecido con Ovando, que se escapó de una investigación a fondo, la famosa caída del sistema fue estudiada con más detención. Destacan, aparte de los ya citados, los artículos del periodista James S. Henry [27], del *New York Times* [28], el libro de Martha Anaya [29], e —increíblemente— la misma autobiografía del ex-presidente Miguel de la Madrid [30] quién, hipócritamente, el viernes anterior al aniquilamiento de Ovando, había criticado a quienes "manchaban la democracia con profecías de fraude" y había asegurado que los mexicanos "no queremos violencia ni odio".

Figura 8. Portada del libro de Martha Anaya

El 6 de julio los primeros datos arrojaban una ventaja considerable para Cárdenas. Y aunque se sabía que los votos eran de la Ciudad de México, esto ponía en claro que la millonaria campaña negra que Salinas había orquestado contra Cárdenas, por medio de sus compinches de Televisa (Emilio Azcárraga y Jacobo Zabludovsky), no había funcionado.

Lo cibernético de aquella elección era ridículamente simple. Luego del conteo de votos en cada casilla se hacía llegar el acta oficial a los comités distritales donde eran transmitidas por teléfono al Registro Nacional de

Electores para que se capturaran manualmente en computadoras, las cuales tenían terminales en una sala adyacente para informar de los resultados a los representantes de los partidos políticos. Al infundirse de pánico por los resultados iniciales, el Secretario de Gobernación y Presidente de la Comisión Federal Electoral, Manuel Bartlett, ordenó apagar las computadoras.

Figura 9. Fernando Elías Calles y Manuel Bartlett, en 1988 secretario técnico y presidente de la Comisión Federal Electoral, respectivamente

Fuente: Foto: Fabrizio León.

En declaraciones posteriores [31], tanto de Bartlett Díaz como de De la Madrid, se aclaró que fue el presidente de la República quien ordenó suspender la información a los representantes de los partidos políticos y medios de comunicación. "Sí" —explicó Bartlett— "me habló y me preguntó cómo iba la elección, y yo le respondí que Cárdenas iba avanzando en algunos estados y en el Distrito Federal arrasando, y que entonces me pidió no dar ninguna información, porque si decía que iba ganando el ingeniero, con base en datos parciales, ya después nadie creería que no fue así".

36

Como lo narra en su libro Martha Anaya, el 6 de julio alrededor de las 8:30 P.M., se apagaron las computadoras del Registro Nacional de Electores con las que —por primera vez en la historia del país— los representantes de los partidos políticos seguían el crecimiento de los votos: en ese momento se registraba una votación mayoritariamente a favor de Cuauhtémoc Cárdenas.

Figura 10. Manuel Clouthier, Rosario Ibarra de Piedra y Cuauhtémoc Cárdenas en manifestación contra el fraude

Fuente: Foto *Excélsior*.

Tras el hecho, los representantes seguidos por periodistas, deciden protestar ante Manuel Bartlett presidente de la sesión de la Comisión Federal Electoral. Al conocer de las interrupciones, el representante del Partido Acción Nacional (PAN), Diego Fernández de Cevallos, dijo: "Se nos informa que en el Comité Técnico de Vigilancia del Registro Nacional de Electores, que se calló la computadora, afortunadamente no del verbo caerse, sino del verbo callar". Éste fue seguido por el Secretario Técnico Fernando Elías Calles, quien confirmó el hecho diciendo, "Efectivamente, el sistema se cayó", cometiendo el error semántico que marcó para siempre la elección de fraudulenta.

Al día siguiente los candidatos opositores marcharon a la Secretaría de Gobernación denunciando la ilegalidad del proceso. Finalmente, tres días después, el día 10, los números empezaron a fluir de nuevo favoreciendo a Salinas por 50.7% del voto, y dándole al FDN y al PAN, respectivamente, 31% y 16.8 por ciento.

Figura 11. Caricatura del monero Hernández alusiva al fraude y quema de boletas

La "caída del sistema", es decir, el haber apagado las computadoras para detener el flujo de información, era irrelevante para el resultado, pues el conteo se hacía sobre los datos de los paquetes electorales que se recibían por teléfono. Era obvio que si había existido fraude éste no se había perpetrado en esas computadoras, el silencio computacional, sin embargo, había sido ensordecedor.

Figura 12. Boleta electoral de 1988 parcialmente quemada

Varios elementos indicaban mano sucia. Primero resalta el hecho de que los paquetes electorales no hubieran sido entregados de manera inmediata, a pesar de las exigencias del FDN y el Partido Acción Nacional (los paquetes finalmente fueron quemados gracias a la intervención de

Diego Fernández de Cevallos ya en clara colusión con Salinas). Segundo, Cárdenas encontró que 17,000 de los 54,642 paquetes electorales nunca fueron incluidos en el conteo final. Por otro lado, a una semana de la elección, miles de boletas electorales favorables a Cárdenas empezaron a aparecer en basureros y ríos de provincia. Pero aún con todo esto, no había pruebas fehacientes de la manipulación de los datos electorales.

El Financiero

Nos cuenta el buen amigo Yuri Serbolov cómo el fraude, además de salvar al PRI, también le ayudó al diario *El Financiero* a conservar su nombre. De hecho, el episodio siguiente muestra por primera vez el lado oscuro del PAN y de lo que vendría en las décadas siguientes.

Figura 13. Yuri Serbolov, analista político y económico

Fuente: Foto: Sitio de internet "La carpeta púrpura".

Como quedó registrado en las ediciones de *El Financiero* del lunes 11, martes 12 y miércoles 13 de julio de 1988, las vivaces investigaciones de Yuri y su colega Fernando Gutiérrez lograron poner en claro toda la estructura que fue armada por el gobierno federal y el PRI para lograr el fraude cibernético. Desgraciadamente, por razones que veremos enseguida, la secuencia de artículos quedó truncada y la verdad contenida en ellos no vio la luz del día de manera completa.

Aunque la investigación casi-policial de Serbolov y Gutiérrez es tan interesante como la trama que descubrieron, aquí ahorraré detalles y presentaré un simple esbozo de lo encontrado. Los lectores interesados pueden encontrar el resto de la historia en los artículos originales [32-37].

De acuerdo con lo anunciado por el Doctor José Newman Valenzuela, director del Registro Nacional de Electores, por primera vez en la historia se usaría un sistema de cómputo electoral que permitiría conocer las votaciones el mismo día de las elecciones. El plan supuestamente consistiría de delegados en cada uno de los 300 distritos electorales, que se comunicarían por 165 teléfonos y 60 "magnetos" (teléfonos de punta-a-punta) a un "Centro de Sistematización", donde personal capacitado tomaría a lápiz y en formas pre-diseñadas la información de cada casilla, la cual sería grabada en cintas magnéticas y capturada en un computador, cerebro del sistema.

**Figura 14. Portada de *El Financiero*
del 11 de julio de 1988**

EL FINANCIERO

MÉXICO, D.F. LUNES 11 DE JULIO DE 1988
SETECIENTOS PESOS

DIRECTOR GENERAL ROGELIO CÁRDENAS

AÑO VII No. 1720

Detectó el PAN "Fraude Cibernético"; Clave Secreta Para Acceder a los Resultados Electorales

Yuri Serbolov/Fernando Gutiérrez

El sistema computarizado, instalado hace varios meses para contribuir a la "transparencia" de los comicios del 6 de julio pasado, al no funcionar conforme a lo previsto, dio lugar a que la oposición detectara irregularidades y comenzara a denunciar lo que denominó un "fraude cibernético".

Una investigación realizada por EL FINANCIERO que llevó a consultar con los responsables del sistema de referencia, expertos de computación de todos los partidos políticos y visitas a las diversas instalaciones donde operaban las máquinas, revela que el proceso de conteo de votos tiene necesariamente no responde en la práctica a la capacidad de su diseño.

"Lo que sucede -explicó Luis Sánchez Aguilar, de la Asociación Democrática por el Sufragio Efectivo (Adese)- es que el sistema sí funcionaba, es capaz de procesar incluso diez veces la información con que se le alimentó, lo que lo llevó al colapso. Seguramente porque lo que aparecía en pantalla era poco grato para quienes evaluaban estado".

José Antonio Gómez Urquiza, comisionado por el Partido Acción Nacional en las terminales del sistema de cómputo electoral, señaló que el sistema fue diseñado con "dos niveles de acceso. Uno para la oposición y otro, con una clave secreta, en el que la información fluía en la medida en que era alimentada con información de actas de los Distritos Electorales".

Las claves de referencia son las siguientes: **Hello_Computo\CFE**, para el acceso al sistema. Acto seguido había que dar un *password* para partidos políticos y que es **R_RVF\PCASI\DISP.3**, que posibilitaba el acceso a la información de resultados, pero como se trata de un subarchivo, éstos, llegaban en forma filtrada. Por el contrario, la clave adicional, que permite la disponibilidad de todos los datos capturados es **Hello_Aisdve_Felix**, misma que se guardó bajo secreto hasta que fue descubierta por los técnicos comisionados por el PAN. Esto dio lugar a que fueran conminados a salir de las salas de cómputo, y al negarse, se produjo la "caída" del sistema sólo diez minutos después, al tiempo que la "clave secreta" fue anulada.

más en la 66 y 67

PELIGROSA DEMORA

El proceso electoral que vive el país y que tuvo como gran catalizador los comicios del 6 de julio es testimonio irrefutable de que México se encuentra en un proceso de cambios internos, lo cual se ilustra con la real participación ciudadana, que por primera vez se manifestó y que fue un ejemplo de madurez cívica y democracia verdadera.

En ese sentido, la sociedad ya cumplió, a pesar de que su pacífica concurrencia a las urnas no dejó de encontrar obstáculos derivados de un sistema electoral viciado en algunas de sus fases y que reflejan en buena medida los largos años de inmovilismo político.

Sin embargo, por lo que se refiere a la ciudadanía, su comportamiento respetuoso y estrictamente apegado a la ley demostró que el pueblo está más que listo para la democracia. Desafortunadamente, hay indicadores que de continuar podrían entorpecer este gran paso adelante dado por la sociedad mexicana, puesto que dan lugar a las más diversas manifestaciones de los partidos políticos contendientes y abren una etapa de creciente incertidumbre entre la población.

Nos referimos a la demora en el suministro de resultados de las votaciones, demora que sin duda resulta peligrosa, no sólo por lo ya apuntado, sino porque tiene efec-

Debido a que el Registro Nacional de Electores (RNE) no contaba con un sistema adecuado, se usaría el cerebro computacional de la Comisión Nacional de Población en el ex "Palacio Negro" de Lecumberri. Los comisionados de los partidos políticos, sin embargo, podrían ser espectadores cómodos del proceso usando terminales conectadas a la computadora de Lecumberri en una sala establecida para tal efecto en el tercer piso del edificio del RNE en Insurgentes Sur.

En tal sala, cada partido tenía a su disposición un cubículo con una terminal marca Burroughs, impresora de matriz y un teléfono; líneas adicionales de teléfono habían sido instaladas en el primer piso del inmueble. Informado, mas no constatado por nadie, en el octavo piso estaría el ejército de telefonistas que recibiría la información. Técnicos de la Comisión Federal Electoral (CFE) auxiliarían a los representantes de los partidos para que lograran acceso en las terminales.

Por su parte, la Comisión Federal Electoral entraría en reunión permanente durante la elección en la Secretaría de Gobernación, en el tercer piso del edificio de la calle Bucareli.

Independiente de tal estructura, el PRI anunció el establecimiento de un sistema similar basado no en información oficial sino en datos obtenidos por los mismos representantes del partido en toda la República. El centro de cómputo del PRI, pomposamente llamado "Sistema de Información Electoral" estaría instalado en la sede del partido en Insurgentes y Violeta a cargo de César Augusto Santiago, y supuestamente consistiría de un computador central que sería alimentado por 40 voluntarios priistas, con 18 computadoras "Printaform", quienes recibirían información de las capitales de los estados por vía telefónica. Además de presentar datos electorales, el sistema produciría comparaciones con votaciones obtenidas por el partido en elecciones anteriores. Toda esa información sería presentada al público en pantalla gigante en el *Lobby* del edificio 2 del CEN del PRI.

Y hasta aquí las historias (¿historietas?) oficiales y priistas. Ahora veamos cómo se cayó tal teatro y qué fue lo que en verdad sucedió. La única narración existente de lo que causó la famosa "caída" del sistema fue dada por *El Financiero* [37]:

El día de la votación, el 6 de julio, los representantes de los partidos se presentaron en el tercer piso del RNE donde tuvieron acceso por primera ocasión a las terminales del sistema (...) mediante las siguientes claves de acceso: el login del usuario 'Hello_Computo\CFE' y el password 'R_RVF\ PCA-SNDISP\3'. Dichas claves, en un principio sólo eran conocidas por los auxiliares de la CFE pero posteriormente, ante la inquietud de los partidos, se les dieron a conocer.

—A las 5 de la tarde de ese día se empezaron a recibir los primeros resultados de distritos del estado de Hidalgo, todos ellos favorables al Partido Revolucionario Institucional. Sin embargo la información llegaba 'a cuenta gotas' y muy dispersa, es decir, con pocas casillas por distrito (...)

—Ante la escasez de información, un técnico del Partido Acción Nacional que había estado observando las distintas claves de acceso que usaban los auxiliares de la CFE, intentó entrar al sistema con la clave 'Hello_Aisdve_ Felix' lo que de inmediato les dio acceso en línea al archivo principal del sistema, en el cual se contaba con información fluida de los resultados de cada una de las casillas, cuyos datos estaban siendo introducidos al sistema. Dicha información fue inmediatamente verificada con los delegados del PAN y se comprobó que era información fidedigna con lo que aparecía en las actas electorales. Sin sospechar que estaban haciendo nada malo, empezaron a imprimir esa información, mientras que el resto de los cubículos permanecían en inactividad. Esta sorpresiva actividad del PAN causó alarma en los encargados del Centro de Cómputo, quienes inmediatamente se dirigieron a ese cubículo para ver que estaban realizando. Una vez que los sorprendieron, les preguntaron que como habían tenido acceso a ese archivo y les dijeron que deberían salirse inmediatamente, porque de lo contrario estaban poniendo 'en peligro al sistema'. Asimismo le solicitaron al comisionado del PAN, José Antonio Gómez Urquiza, que saliera inmediatamente del cubículo. Ante su negativa. Los encargados del sistema se comunicaron telefónicamente a un lugar indeterminado y diez minutos después 'se cayó el sistema'.

—Los comisionados del PAN y del PMS (Partido Mexicano Socialista) se comunicaron con la licenciada Aurelia Espinoza, encargada de las instalaciones, para pedirle explicaciones y solicitarle la reinstalación del sistema, así como las copias fotostáticas de las actas que aparentemente se estaban sistematizando en el octavo piso, pidiendo también acceso a ese lugar. La licenciada no supo dar las explicaciones y les dijo que el acceso al piso octavo estaba vedado, y ante la insistencia de los comisionados de oposición, pidió el auxilio de los elementos de seguridad, quienes se apostaron en los elevadores y en las escaleras del edificio.

—Minutos después las protestas de la oposición estallaron en la reunión de la Comisión Federal Electoral que sesionaba en Bucareli. Mientras hablaba el comisionado del PMS, el encargado del sistema, el Dr. Newman, salió del recinto y ya no regresó en el transcurso de la elección, en la cual los partidos políticos estaban demandando las explicaciones pertinentes sobre esta 'caída del sistema'.

Los detalles de lo que sucedió en la reunión de la CFE ya fueron descritos en la sección anterior, pero la estructura usada en el fraude cibernético escapó de ser presentada a la luz pública, excepto claro por el entonces novel periódico *El Financiero*.

En la reunión en Bucareli, el Secretario Técnico de la CFE, Fernando Elías Calles, explicó que el problema se debía a una saturación de las líneas telefónicas (¡!), y ofreció amablemente reemplazar el cerebro de Lecumberri por el que —de manera fortuita— tenía la Secretaría de Gobernación en los sótanos de la dependencia. De pura casualidad, esa misma computadora, a cargo del ingeniero Rubén Guerra, ya tenía instalados 300 magnetos y —por suerte— ya había sido probada durante el día habiendo recibido información de las elecciones.

Cuando se tomó la decisión de "cambiar de red de transmisión de datos", los representantes de los partidos pidieron ir al sótano para verificar la existencia de tal computadora, permiso que se autorizó tan sólo a unos cuantos afortunados —excluyendo a la prensa, por supuesto— y tan sólo por unos minutos para "no distraer a los operadores". Entre los seleccionados estaba Leonardo Valdez, representante del PMS, quien describió al sistema como de "película de ciencia ficción" con técnicos en bata blanca, ambiente esterilizado, clima artificial totalmente aislado del exterior, e impresoras igualmente aisladas de la misma computadora. La computadora Burroughs A-9[1] estaba en una sala de 12 por 15 metros, era alimentada por un planta eléctrica propia e ininterrumpida, daba servicio a 60 terminales, y tenía lectoras de cintas magnéticas para el almacenamiento de los datos electorales.

En el momento de la visita, en los primeros minutos del 7 de julio, tal sistema ya contaba con datos de mil 100 casillas, pero no fue sino hasta el 8 de julio cuando "comenzó a funcionar nuevamente" —de nuevo— con datos filtrados.

---

[1] La marca y modelo de esta computadora concuerda con lo dicho meses antes por Onofre, tomando en cuenta que en 1986 Burroughs se había unido a Sperry para formar Unisys.

En un intento de corroborar los datos oficiales, *El Financiero* se abocó a obtener la información recabada por el sistema independiente que había instalado el PRI pero, ¡oh, sorpresa!, tal sistema también había dejado de funcionar en el momento exacto de la caía del sistema oficial.

**Figura 15. Gráfica del PRI mostrando
el número de casillas computadas**

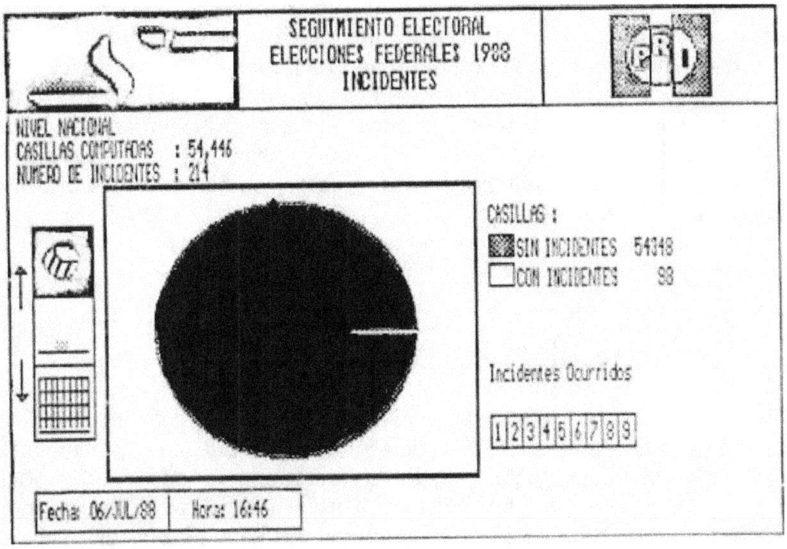

Fuente: El Financiero.

En suma, el prodigioso "Sistema de Información Electoral" del PRI había producido tan sólo un reporte de apertura de casillas a las 11:50 AM, otro de flujo de votantes a las 2 de la tarde, y una gráfica de casillas computadas a las 16:46. Nadie en el PRI pudo explicar el por qué de la "caída" y, curiosamente, el impresionante sistema empezó a ser resguardado por miembros de la Guardia Presidencial, como si fuera parte de la presidencia misma.

Investigaciones posteriores de *El Financiero* descubrieron lo obvio, que el cerebro de Lecumberri nunca existió, que la computadora real siempre había estado en el sótano de la mismísima Secretaría de Gobernación, y que la computadora de la sede del PRI era "pura pantalla" y que en realidad había estado conectada a la de Gobernación, lo que explicaba la caída simultánea. Aunque las revelaciones de *El Financiero* encontraron eco en Reuters y otras agencias internacionales, nunca fueron publicitadas ni por otros medios nacionales ni por la oposición misma; al final –desgraciadamente— el mismo diario investigador cayó en el juego de la farsa electoral.

En un epílogo triste, según comunicación privada con gente de la época, *El Financiero* cayó presa de la presión gubernamental —quien parece ser que amenazaba con quitarle el nombre— y paró la secuencia de jugosísimos artículos manteniendo el nombre que hasta hoy ostenta. Pero aún más preocupante es el hecho que Acción Nacional, que había descubierto la trama, no hubiera esgrimido lo encontrado para derrumbar la farsa electoral; tal incidente podría tomarse como el inicio del PRIANato que aún gobierna.

A pesar de eso, hubo otros que no se amedrentaron y recurrieron a los métodos científicos para continuar la lucha por la democracia.

La radiografía de Barberán

Nos cuenta Rafael Barajas en su *Fisgón* [38], que José Barberán era una paradoja con una mente flexible y una ética sólida; con conocimientos de matemáticas, física y política, Barberán era una excepción estadística. Hijo de refugiados españoles, llega a la Universidad Nacional Autónoma de México (UNAM) a los 15 años, aprende computación en Florida, física en Baltimore, y oceanografía en San Diego. Investigador en la UNAM y para la UNESCO, protestó contra la guerra de Vietnam, se manifestó a favor de marinos en México, formó un centro de análisis sobre el sismo del 85, y en 1988 analizó los datos electorales en lo que sería el primer estudio estadístico de datos electorales en México.

José Barberán publicó el 28 de noviembre de 1988 un análisis de los datos oficiales en el libro *Radiografía del fraude* [39], con Cuauhtémoc Cárdenas, Adriana López y Jorge Zavala como coautores. Usando técnicas de análisis de distribuciones normales, Barberán y colaboradores estudiaron las votaciones de cada candidato presidencial a lo largo del país, obteniendo así una "radiografía" de la elección.

Figura 16. Portada del libro de Barberán

Entre el 7 y el 10 de julio la Comisión Federal Electoral entregó resultados de 29,999 casillas del total de 54,642, y a partir del 11 no dio más resultados por casillas. Además de esa información, Barberán también tuvo acceso a los totales de cada uno de los 300 distritos.

Figura 17. Gráfica de Barberán mostrando
el número de casillas en función del porcentaje
de votos recibidos por cada partido

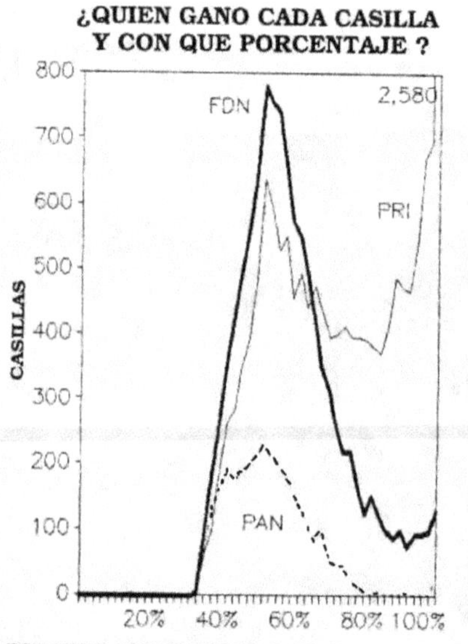

De entrada el físico hace notar que el porcentaje obtenido por el PRI es muy constante en todo el país, lo que le hace dudar de lo fidedigno de esos datos. Los 300 resultados distritales muestran que el PRI ganó gracias a 100 distritos en los que alcanzó en promedio un 73%, mientras que el FDN perdió a pesar de haber ganado con un 42% en los 200 restantes.

El altísimo porcentaje del PRI en 100 distritos motivó a Barberán a estudiar la distribución de porcentajes. Como se muestra en la gráfica, el FDN supera al PRI en muchas casillas excepto en aquellas en las que el PRI consiguió porcentajes superiores al 90% (¡en 2,580 casillas el PRI logró un increíble 100%!); son esas casillas las que le dan el triunfo en los 100 distritos. Dado que se sabe que las distribuciones de porcentajes tienden a seguir una curva normal, o de "campana", la curva "bimodal" (de dos picos) del PRI es altamente improbable.

Otra mano que fue encontrada en la masa, fue la distribución de ceros del PRI. Como es de esperarse, en cada casilla el número de votos que recibe cada partido tendrá un último dígito prácticamente al azar pues nadie puede adivinar cuanta gente votará en cada casilla. Esa distribución uniforme de últimos dígitos se da con los votos del PRI en las casillas en que obtuvieron menos del 60% de la votación total, pero en el resto los ceros son hasta un 60% más probable. Aunque ese fenómeno puede ocurrir de manera natural, en este caso sería tan probable como si al tirar 191 monedas al aire, todas cayeran del mismo lado; Barberán calcula que ese resultado se daría una vez en 563 millones de millones de elecciones. La explicación obvia es que en miles de casillas los números de votos del PRI seguramente fueron inflados por un factor de diez, agregándoles un cero al final a la votación real.

**Figura 18. Gráfica de Barberán mostrando
la distribución de los últimos dígitos para detectar
casillas con exceso de votaciones terminadas en cero**

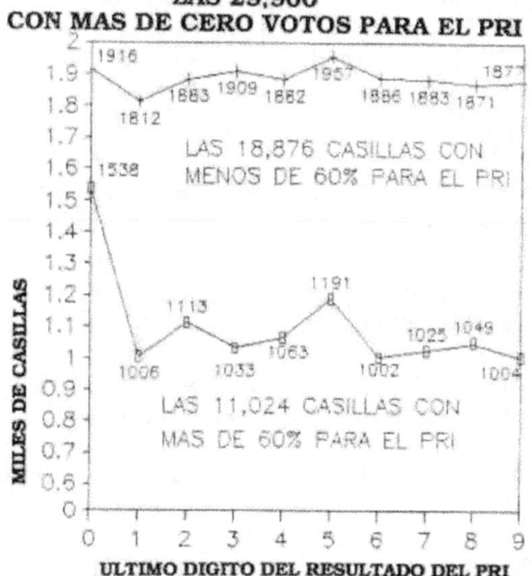

Otras anomalías encontradas fueron las "casillas veloces" en las que se registraron más de 100 votos por hora durante 12 horas consecutivas, es decir, ¡un voto cada 36 segundos!, casi tan rápido como la producción de tortillas en una tortillería.

Extendiendo sus resultados —eliminando los ceros, por ejemplo— Barberán concluyó que Cárdenas ganó la elección con el 42% de los votos, en contra de un 36% para Salinas y 22% para Clouthier. Las discusiones de la época, especialmente el ridículo análisis "procústeo" elaborado a la medida por Horcasitas [40], trataron de invalidar los resultados de Barberán usando argumentos *ad ignorantiam* (*e.g.* no se sabe que una distribución normal implique elecciones limpias), y buscando contraejemplos de elecciones con distribuciones bimodales de votos; pero nunca explicaron las casillas con 100% de votación para el PRI, ni la extraña concentración de ceros como últimos dígitos en las mismas.

Aunque los argumentos presentados son suficientes para convencer a cualquier persona con un mínimo de conocimientos de estadística, el libro de Barberán no tuvo el impacto deseado por haber desaparecido misteriosamente de las librerías a los cuantos días. Según se dijo, fue comprado de forma masiva por agentes del salinismo, lo que nos da un elemento más para ratificar las dudas que ya existían acerca de la famosa "caída del sistema". No fue sino hasta años después que se corroboraron los hechos con testimonios de testigos presenciales.

Computing

Los detalles testimoniales de cómo se había efectuado el fraude, no se supieron sino hasta junio de 1994, semanas antes de la siguiente elección presidencial, cuando la revista del Reino Unido, *Computing*, especializada en tecnología computacional, publicó un estudio a cerca de la supuesta falla computacional.

Después de localizar a varios capturadores de datos que habían trabajado durante la elección, obtuvieron el siguiente testimonio:

Llegamos a trabajar la mañana del 6 de julio, día de la elección, al Centro Oficial de Cómputo y Estadística. Cuando llegamos descubrimos que los cuartos estaban vacíos y nuestras computadoras no estaban ahí. Nos ordenaron subirnos a un minibús y nos llevaron a la Secretaría de Gobierno, a un cuarto con las ventanas clausuradas. Nuestras computadoras estaban allí, con la base de datos de los votantes. Empezamos a capturar datos. Cuando nuestros supervisores vieron que Salinas iba perdiendo, nos ordenaron dejar a un lado los votos para el PRI y meter tan sólo los de la oposición. A las 3 A.M. del 7 de julio, el supervisor nos detuvo y, con lágrimas en los ojos, nos dijo: "Si ustedes quieren a sus familias, sus trabajos y sus vidas, desde este momento pongan todos los votos a favor del PRI". Volví a mi trabajo e hice lo que me ordenaron. Quería llorar pero tenía que hacerlo. Nos mantuvieron ahí hasta las cinco o seis de la tarde del siguiente día. Cuando terminé mi trabajo, revisé el voto de mi tío, y para mi sorpresa el récord mostraba que él, partidario de la oposición, había votado por Salinas. Fue entonces cuando me di cuenta por qué nos habían pedido que metiéramos tan sólo los votos de la oposición al principio. En los momentos que habíamos estado alejados de las computadoras, habían cambiado todos los datos de la primera sesión de captura de tal manera que todos aparecían como votos para Salinas.

Estos detalles fueron confirmados en julio de 1994 por un directivo de la Comisión Federal Electoral, más no por la multinacional Unisys, quien negó haber estado involucrada en el proceso electoral. Sin embargo, los resultados de la investigación de *Computing* concordaban con información que Adolfo Onofre había proporcionado anteriormente, así como con lo publicado por *El Financiero*.

Epílogo

Por su participación, Onofre se convirtió en una víctima más, aunque corrió con mejor suerte que Ovando y Gil. Según narra él mismo en el artículo de *Contralínea* [25], en una ocasión llegó a su departamento y fue encarado por tres agentes judiciales quienes, con pistola en mano, trataron de detenerlo. Onofre corrió para ponerse a salvo pero se detuvo tras un amenazante disparo al aire. Después de tundirlo a golpes, los agentes lo detuvieron con cargos de daño en propiedad ajena, sin caer en cuenta de que la supuesta finca dañada era del mismo Onofre.

Figura 19. Cárdenas en el XXII aniversario luctuoso de Francisco Javier Ovando Hernández

Fuente: Foto InfoMich.

Onofre fue detenido y golpeado por la Policía Federal en 1987, 1988 y en 1989. Se autoexilió de 1990 a 1994 en Inglaterra, bajo solicitud de asilo político y, a su regreso a México en diciembre de 1994 —a meses después de la publicación de *Computing*— fue nuevamente detenido y golpeado. A raíz del artículo de James Henry [27], a más de diez años de la investigación, Onofre se reportó en el sitio web del periodista Henry afirmando tener la firme intención de salir de México, esta vez a España.

Por el lado oficial, y a pesar de la evidencia, Bartlett, en el 2008, insistió en que no hubo fraude. "Se me ha satanizado, pero la historia está en la Cámara; debieron revisar resultados ante duda de fraude. ... Los comisionados estuvimos toda la jornada sentados en las oficinas de Bucareli para atender quejas y conflictos que iban surgiendo, no manejamos ninguna cifra." Según Bartlett, las acusaciones de fraude se centraron en la noche del 6 de julio, y fueron originados dentro del PRI, como venganza por haber contendido contra Salinas por la candidatura del partido. Afirma haber resistido presiones para declarar a Salinas como vencedor de la contienda, "pero me negué" porque no se podía afirmar esa noche, "ni tres días después" que éste había ganado, ya que no existían encuestas de salida ni se habían contado todas las casillas.

Curiosamente, años después, al cambiar de partido, Bartlett cambió de opinión. El 3 de abril de 2012, ya como candidato del Partido de la Revolución Democrática (PRD) al senado, Manuel Bartlett Díaz afirmó que: "Si hubo fraude, que yo no lo niego, fue en el Colegio Electoral, constituido entonces en el Congreso, donde se hizo la calificación de las elecciones", y agregó que Salinas pactó con el PAN "en un contubernio público" que lo llevó a la presidencia.

Al igual que Bartlett, con el tiempo otros participantes directos también admitieron el manoseo de datos, más no robo de elección. Otro involucrado, Oscar de Lassé, entonces Director del Sistema Nacional de Información Política Electoral, afirmó en el libro de Anaya:

"yo considero que los porcentajes deben de haber sido 43 Salinas y 40 Cuauhtémoc, no en términos de datos duros sino de percepciones. Me queda claro que Cárdenas no ganó."

Aceptando de hecho que hubo fraude al ser modificados los porcentajes, de Lassé basa sus sesudas conclusiones en el simple hecho de que Cárdenas obtuvo porcentajes menores en elecciones posteriores; en términos científicos esto constituiría una "extrapolación imaginaria".

José Newman, entonces director del Registro Nacional de Electores, afirma en un tenor similar:

"Una opinión razonadamente fundada es que los datos oficiales, así calificados por el Colegio Electoral de la Cámara de Diputados, no representa la realidad. Ese 50.7 para Salinas, 31 para Cárdenas y 16.8 para Clouthier no responde a la realidad."

Ante estas afirmaciones *a posteriori*, la pregunta a responder sería: muy bien señores, si esa no es la realidad, entonces ¿cuál es? y ¿por qué la modificaron? Debido a los cargos ostentados por Bartlett, de Lassé y Newman, sus declaraciones deberían ser prueba suficiente para ser encontrados culpables del delito del artículo 405-II del Código Penal Federal al abstenerse de cumplir con la obligaciones propias de su cargo; claro que en el México surrealista esto nunca sucederá.

Figura 20. El ex presidente de México reta a quienes dudan de su victoria en 1988 y destaca que las actas se encuentran a disposición de quien quiera consultarlas

Fuente: Foto *El Semanario* sin límites.

Finalmente, en el 2009 el mismo Salinas entró al circo de las declaraciones afirmando lo que reza el epígrafe que abre este capítulo [41]. Tomando en cuenta lo poco que tiene que ganar o perder a estas alturas, la pregunta a responder es ¿por qué haría esas afirmaciones? Tal vez aún tenga esperanzas de poder engañar a la historia.

Las elecciones de 1994 y 2000

Las presiones por la sospecha de fraude, principalmente de Acción Nacional, llevó a Salinas a crear el Instituto Federal Electoral (IFE) en 1990 y a hacer una serie de reformas electorales en 1993 y 1994; la creación del

IFE y tales reformas fueron elementos clave para que Cárdenas y Clouthier desistieran de sus propósitos de declarar inválida la elección de 1988.

La reforma de 1993 facultó al instituto para validar elecciones de diputados y senadores y para establecer límites a gastos de campaña. La de 1994 aumentó en importancia el papel de los consejeros ciudadanos en la toma de decisiones del IFE y de los órganos estatales y distritales.

Las elecciones subsiguientes no fueron alteradas cibernéticamente. La de 1994, según Adolfo Onofre, hubiera estado lista para ser *"hackeada"* con el algoritmo del 40%, excepto que la votación favoreció a Ernesto Zedillo Ponce de León. Pero aun así la elección no fue ni libre ni justa. En la campaña el PRI tuvo ventaja con más financiamiento, exposición en los medios, y el uso del Programa Nacional de Solidaridad; supuestas negociaciones de último minuto acallaron al candidato del Partido Acción Nacional (PAN) Diego Fernández durante dos semanas, lo que facilitó el triunfo de Zedillo.

En la elección misma, la Alianza Cívica documentó rasura al padrón electoral en dos terceras partes de las casillas vigiladas [42]; un documento del Departamento de Estado de los Estados Unidos [43] reportó que en casillas en las que no hubo observadores independientes, el PRI había obtenido un 30% más de votos. Para mantener el mandato unipartidista se sospecha que el PRI —al igual que en 1988— tuvo que inflar la votación para llegar a un poco más del canónico 50 por ciento.

En el 2000, el sistema estaba listo para atacar de nuevo, excepto que Zedillo lo impidió posicionando elementos del Estado Mayor Presidencial en los centros de cómputo clandestinos desde donde se fraguaría el fraude electoral; Onofre asegura haber puesto al tanto a Fox acerca de la existencia del algoritmo en 1998.

Aunque no cibernéticos, la elección del 2000 no estuvo libre de fraudes; el uso de fondos ilegales en las campañas presidenciales [44] tiñó de fraudulentas la elección de Fox. Días antes de la elección se denunció la existencia de una red de financiamiento ilícito, al terminar el juicio, en el 2003, se dictaminó que en el caso "Amigos de Fox" se había recibido dinero del extranjero, aceptado donativos de empresas, permitido que particulares pagaran publicidad, rebasado los topes de campaña, no se habían reportado más de 100 millones de pesos de financiamiento privado y se había falseado la información de aportaciones de simpatizantes. Dado que el Código Penal no contempla cárcel para estos casos, tan sólo se fijaron multas de 360.9 y 184.2 millones de pesos para el PAN y para el acomodadizo Partido Verde Ecologista, respectivamente.

Figura 21. La Jornada, 15 de octubre de 2002

La Jornada

DIRECTORA GENERAL: CARMEN LIRA SAADE ■ DIRECTOR FUNDADOR: CARLOS PAYÁN VELVER ■

■ Interpone demanda el consejero del IFE Jaime Cárdenas

MÉXICO, D.F. AÑO DIECINUEVE NÚMERO 6613
HOY MARTES 15 DE OCTUBRE DE 2002
8 pesos

Nuevo frente para abrir las cuentas de Amigos de Fox

■ La querella se suma a la presentada por el sol azteca ante la PGR
■ No eludimos pesquisas sobre delitos electorales, responde Macedo

JESÚS ARANDA ⬛ 3 y 5

■ Llama el Presidente a empresarios a "evitar" los fraudes corporativos

El Ejecutivo, por mayor inversión en Bolsa de fondos de trabajadores

El "paso siguiente" es que capitalicen a compañías mexicanas con visión de largo plazo, indica ⬛ Las Afore ni apoyan a la producción ni benefician a los aportantes: estudio legislativo

⬛ 17 y 22

Pagará Telmex 12.5 mdd para poner fin a litigio con firma de EU

Su socio Fortsmann Little indemnizará con igual suma a XO Comunications ⬛ La empresa querellante les exigía respetar un pacto de inversión ⬛ Ahora enfrenta proceso de quiebra

⬛ 23

Sedena: son 40 los militares bajo investigación en Sinaloa

Se les encontró mariguana y dinero que no pudieron comprobar; libres, otros 560 ⬛ Vega García ordena disolver el 65 batallón con base en Guamúchil

⬛ 10

Discuten PRI y PRD medidas para anular el pacto de Fox con radio y tv

No descartan interponer una controversia constitucional ⬛ Acción Nacional cierra filas y respalda el decreto presidencial

⬛ 5 y 6

Cuauhtémoc Cárdenas censura la contratación de Rudolph Giuliani

"No necesita el DF de la política represiva que puso en práctica el ex alcalde de NY", dice ⬛ Pide vicario guanajuatense *cero tolerancia* contra quienes cometan "desmanes" en el Cervantino

⬛ 30 y 29

⬛⬛⬛⬛⬛⬛⬛⬛⬛⬛ OPINIÓN

MANUEL VÁZQUEZ MONTALBÁN
La *triple B* y Aznar ⬛ 4

ROBERT FISK
Los aliados de EU, en la mira ⬛ 28

⬛⬛⬛⬛⬛ COLUMNA ⬛⬛
MÉXICO S. A. ⬛ CARLOS FERNÁNDEZ-VEGA ⬛ 24

Durante la inauguración de la 13 Convención del Mercado de Valores que ayer encabezó Vicente Fox, Guillermo Prieto Treviño, presidente de la Bolsa Mexicana de Valores, saluda al titular de Hacienda, Francisco Gil Díaz

Paralelamente al caso anterior, el IFE investigó el llamado "Pemexgate", por medio del cual se transfirieron 500 millones de pesos desde el sindicato de trabajadores de Pemex a la campaña de Francisco Labastida. El 13 de mayo de 2003, el Tribunal Electoral del Poder Judicial de la Federación confirmó una multa de mil millones de pesos al PRI.

Aunque ausentes en 1994 y en 2000, los fraudes cibernéticos habían llegado a México para quedarse y, como veremos en el capítulo siguiente, fue en el 2006 cuando volvieron a tener un papel protagónico.

La elección del 2006

*Hoy, en memoria de Juárez, exigimos
respeto absoluto al voto y a la legalidad.*
FELIPE CALDERÓN
JULIO 2006

En las elecciones del 2006 las cosas fueron distintas. El candidato oficial no era el seguro ganador como en 1994, ni había un presidente en funciones con la intención de ayudar a la oposición como en el 2000 y, una vez más, como en los tiempos de Cuauhtémoc Cárdenas, multitudes millonarias se manifestaban a favor de un cambio en el mismo corazón de México.

Pero había aún más diferencias. Los avances democráticos de las dos décadas anteriores habían dado como resultado un instituto electoral que se tomó como ejemplo en el mundo. Esto hizo necesario que, de haber manipulación fraudulenta de datos, ésta tuviera que ser sofisticada y no burda como la simple reversión de votos del 88, descrita por los capturadores de datos y por Onofre, y detectadas por el análisis estadístico de Barberán.

Junto con el Instituto Federal Electoral, la captura y presentación de datos también evolucionaron a niveles nunca antes vistos. Por sus características, pero sin haber sido diseñado para este propósito, el sistema mexicano de presentación de datos por Internet permite que prácticamente cualquier ciudadano pueda ver, capturar y estudiar resultados parciales de la votación, mientras estos datos son generados en todo el país, o los finales, cuando el conteo haya sido terminado.

Y eso es precisamente lo que sucedió el 2 de julio del 2006. Cualquier persona pudo ver el avance de la acumulación de votos por medio de los reportes televisivos o por internet. Pero en esta ocasión, a diferencia del 88, muchos de los que observaron esta evolución tenían capacidad superior de análisis y adoptaron las matemáticas como el lenguaje de la democracia. Gente de áreas distintas se enfocaron de una manera independiente a una meta común: analizar los datos electorales para identificar inconsistencias, "anomalías", en los datos de la elección.

Y fue así, usando este lenguaje nuevo, que de manera frenética ingenieros, politólogos, matemáticos y físicos de México, Estados Unidos y Europa, tomaron puntas distintas de la madeja, que representaron las anomalías de los datos publicados por el IFE, y mostraron que, cuando tomadas en su conjunto como elementos de un estudio científico, aparecen como parte de un tejido completo que podría ser un plan cibernético para manipular tanto los datos de la elección, como a la opinión pública.

Antecedentes

Para entender lo compleja que es la manipulación cibernética de una elección, conviene examinar aquel evento en el que México inauguró en el mundo una manera nueva de hacer fraude. Pero antes de entrar de lleno al estudio matemático de los investigadores, veamos si existían antecedentes que indicaran las posibilidades de que se pudiera dar un *ciberfraude* en las condiciones del México del 2006.

Como veremos, en aquel entonces existían empresas de informática, tanto nacionales como internacionales en posesión de los datos del padrón electoral, que tenían experiencia en la rasura del padrón y, directamente, en fraudes electorales y fiscales, y con fuertes nexos familiares con uno de los candidatos a la presidencia.

ChoicePoint

En el 2003 saltó a la luz pública el hecho de que la compañía Soluciones Mercadológicas de Bases de Datos, propiedad —irónicamente— del homónimo del autor, Jorge López G., había vendido el padrón electoral a la compañía de *software* estadounidense ChoicePoint por la suma aproximada de 400 mil pesos.

Figura 22. Memorando del FBI donde se contrata a ChoicePoint para servicios de inteligencia

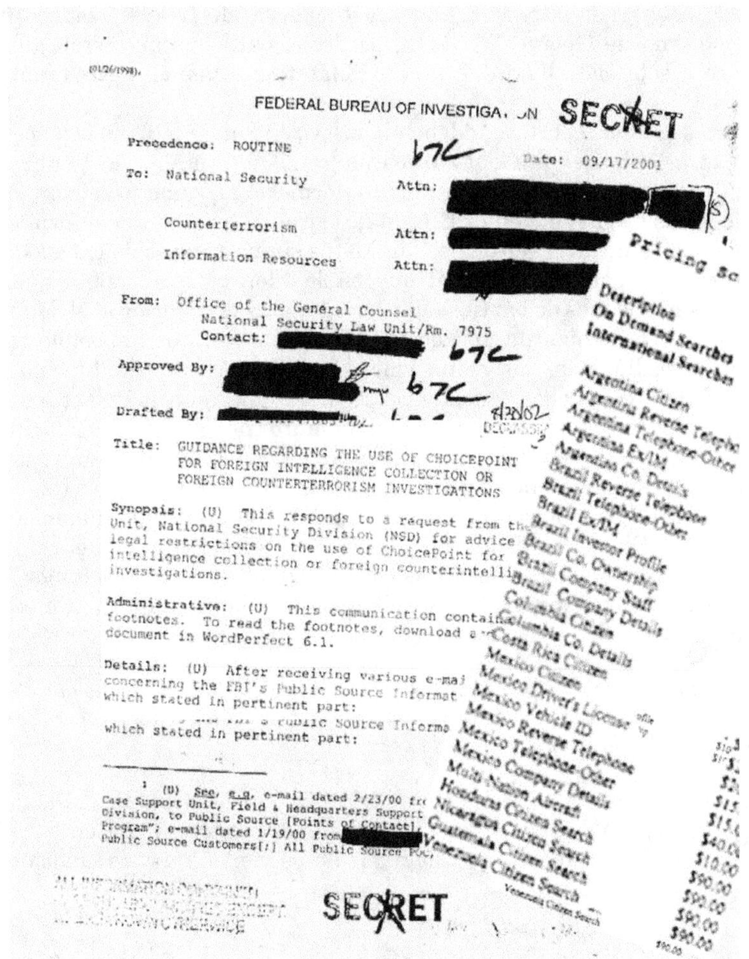

Fuente: Imagen: Greg Palast, Manchester Guardian.

Aparentemente, ChoicePoint —que no tenía permiso para operar en México y que había rasurado el padrón electoral de la Florida en el año 2000 [45], quería el padrón para una investigación de "inteligencia de contra-terrorismo extranjero" del Buró Federal de Investigaciones (FBI) del gobierno de George W. Bush; es decir, para buscar terroristas en México a sólo siete días del ataque a las torres gemelas por fanáticos árabes.[1]

Pero según el reportero independiente Greg Palast [46] las intenciones eran otras. ChoicePoint obtuvo los padrones electorales de Venezuela, Brasil y México, incluyendo también información acerca de seis millones de licencias de manejo en el D.F. [47], logrando así obtener información que le podría llegar a ser útil a candidatos simpatizantes de los EEUU.

Afirma Palast que, al igual que en la Florida en el 2000, muchos votantes mexicanos de barrios lópezobradoristas descubrieron el domingo 2 de julio que habían desaparecido del padrón [48], "es imposible saber lo que sucedió, pero las coincidencias entre México y la Florida son impresionantes". Otra coincidencia notable que apunta Palast, es que tanto en México como en Venezuela, miembros de los partidos opositores a Chávez y a López Obrador tuvieron acceso libre al padrón desde computadoras personales o por Internet.

En el 2003 el gobierno mexicano le pidió al símil estadounidense que ordenara a ChoicePoint destruir el padrón (¿cómo se puede garantizar la destrucción de un archivo electrónico?). Palast no podía haber sido más directo al referirse a la participación de ChoicePoint en la elección mexicana [49]:

"es imposible saber si el FBI destruyó la copia del padrón mexicano que obtuvo ChoicePoint … Pero podemos ver los resultados … las encuestas de salida no cuadran con los resultados oficiales".

En su defensa, el 7 de agosto de 2006 ChoicePoint publicó el artículo "El papel mítico de ChoicePoint en elecciones pasadas y presentes" [50], en el que niega con un incondicional "no es cierto" su participación en

---

[1] El rompimiento de lógica (*non sequitur*) es aparente, ¿por qué buscar terroristas en el padrón electoral mexicano, si los culpables del incidente de las torres gemelas supuestamente fueron árabes?

la elección mexicana. Debido a que la organización británica *"Privacy International"* ya le había conferido a ChoicePoint los nombramientos poco honrosos de "Mayor Invasor Corporativo" en 2001, y el de "Amenaza Vitalicia" en 2005 (por haber vendido datos de 145,000 personas a criminales), es realmente difícil creer en su inocencia.

Hildebrando

La participación de la compañía Hildebrando en las elecciones de 2006 fue muy discutida en los medios. Relata Carlos Acosta Córdoba [51] que Hildebrando S.A. de C.V. se transformó de empresa familiar, constituida sólo por los cuñados y suegros de Felipe Calderón, a un consorcio con alianzas nacionales e internacionales bajo el impulso del gobierno de Fox. Creada en 1986 con un capital de mil pesos, fue prácticamente insignificante en sus primeros 10 años de operación, saltando de 48 empleados en 1992 a más de 1,500 en 500 oficinas repartidas en el D.F., Guadalajara, Monterrey y Madrid al final del sexenio Foxista. A partir del primer año del Gobierno de Fox sus ingresos crecieron de 13.8 millones de pesos en el 2000 a más de 94 millones en el 2005, con Calderón como funcionario federal.

En 2001 estableció una alianza (*joint-venture*) con el Grupo Carso, de Carlos Slim. En 2003, con Felipe Calderón en la Secretaría de Energía, Hildebrando adquirió Meta Data, una de las principales contratistas del gobierno federal logrando licitaciones numerosas con Pemex, Sedesol, CFE, INEGI, IMSS, Migración, Banobras, Conacyt, Conasep, Economía, IPAB, Seguridad Pública, PFP, Telecom, Liconsa, SHCP, Luz y Fuerza, y ... el IFE. Las aventuras de Hildebrando con el gobierno federal —entre quienes se estableció una cláusula de confidencialidad de 12 años (¿por qué?)— fueron narradas en 2006 con lujo de detalles en los artículo de *Proceso* y *La Jornada* [52,53].

Durante la campaña se supo que Hildebrando había sido el proveedor de la base de datos de la Secretaría de Desarrollo Social (dirigida entonces por Josefina Vázquez Mota, luego coordinadora de campaña Calderón), y elaboradora de la base de datos del padrón de electores. Como lo explicó Julio Hernández en su Astillero [54], Hildebrando obtuvo el contrato con el IFE por medio de Sagem Defénse Securité, compañía a la cual estaba asociada.

Figura 23. La Jornada, 9 de junio de 2006

La Jornada

DIRECTORA GENERAL: CARMEN LIRA SAADE
DIRECTOR FUNDADOR: CARLOS PAYÁN VELVER

VIERNES 9 DE JUNIO DE 2006
MÉXICO, DISTRITO FEDERAL • AÑO 22 • NÚMERO 7617 • www.jornada.unam.mx

■ El llamado cuñado *incómodo* acepta finalmente los negocios con Pemex

Zavala: sí tuve contratos en la gestión de Felipe

■ En octubre de 2003 obtuvo 10 convenios para una de sus compañías

■ Estos se asignaron a Meta Data en un solo día, según datos de Compranet

■ El asegura que fueron cinco y por "renovaciones"

■ Sostiene que todo fue por licitación; datos oficiales indican adjudicación directa

■ En enero de este año fue sancionado por mentir al fisco

ROBERTO GONZÁLEZ Y ROBERTO GARDUÑO ■ 3

Diego Zavala Gómez del Campo, accionista de la empresa de informática Hildebrando SA de CV, durante la conferencia de prensa en un hotel capitalino sobre los contratos obtenidos con Pemex.
● Guillermo Sologuren

■ EDITORIAL

META DATA: MÁS ALLÁ DEL DESCARO ■ 2

La red de tratos de Hildebrando alcanza a ISOSA, ligada a Gil Díaz

■ La compañía gestiona los derechos aduaneros, pero se niega a informar sobre su uso

ROBERTO GONZÁLEZ Y JUAN A. ZÚÑIGA ■ 5

El empresario demandará por "daño moral" al candidato del PRD

■ Sedeso y LFC corroboran que la firma les dio servicios

FABIOLA MARTÍNEZ Y ALMA MUÑOZ ■ 5 y 8

■ "Hay envidias; sigo con las manos limpias"

Emplaza Calderón a AMLO a probar dichos

CLAUDIA HERRERA, ZAVALA ■ 10

■ "Estoy seguro que ni ha leído el expediente"

López Obrador entrega hoy las pruebas al PAN

ANDREA BECERRIL Y CIRO HERNÁNDEZ ■ 12

64

Figura 24. La Jornada, 28 de junio de 2006

La Jornada

DIRECTORA GENERAL, CARMEN LIRA SAADE
DIRECTOR FUNDADOR: CARLOS PAYÁN VELVER

MIÉRCOLES 28 DE JUNIO DE 2006
MÉXICO, DISTRITO FEDERAL · AÑO 22 · NÚMERO 7846 · www.jornada.unam.mx

10 PESOS

■ Sin cargos directos, *sugiere* nexos de Calderón con Hildebrando

Denuncia penal del IFE por el manoseo al padrón

■ Presenta querella ante la Fepade con la información de Aristegui
■ Germán Martínez: al PAN también "le preocupan los hechos"
■ Las acciones del *blanquiazul*, "ilegales e inmorales": PRI y PRD

ALONSO URRUTIA, FABIOLA MARTÍNEZ Y ANDREA BECERRIL ■ 3

EL IFE Y LOS ESPOTS

❝ Es derecho exclusivo de los partidos políticos contratar tiempos en radio y televisión para difundir mensajes orientados a la obtención del voto durante las campañas electorales", señala el artículo 48 del Código Federal de Instituciones y Procedimientos Electorales (Cofipe). Pese al sentido inequívoco de la ley, el Consejo Coordinador Empresarial (CCE) ha venido difundiendo en medios electrónicos, desde el pasado 17 de junio, un anuncio en el que llama a los ciudadanos a dar su sufragio a las fórmulas electorales que ofrezcan mantener el modelo económico vigente. ■ 2

Pide ayuda el IFE a Gobernación para retirar espots manipuladores

■ A partir del jueves ya no deben aparecer, señala Ugalde

■ Consejeros: falta firmeza al titular del instituto electoral

FABIOLA MARTÍNEZ Y ALONSO URRUTIA ■ 5

La gobernabilidad es posible sin autoritarismo ni represión: AMLO

■ El tabasqueño, irresponsable al tachar a empresarios de traficantes de influencias: CCE

ROBERTO GARDUÑO ■ 16

Consuman *PRI-AN* las designaciones presidenciales en la Cofetel

■ Inútiles llamados del sol azteca a no avalar el proceso

ANDREA BECERRIL ■ 21

EL VOTO DURO ME DARA EL TRIUNFO: MADRAZO

Con el Monumento a la Revolución como fondo, el candidato presidencial, acompañado por Beatriz Paredes, aspirante a la jefatura de Gobierno del Distrito Federal, dijo que el país ya tuvo bastante de una gestión panista "que no ha sido eficiente ni responsable, que se confronta y que perdió el tiempo". En un acto con abogados de la ciudad de México, reconoció que ha sido difícil su campaña por la deserción de priístas "que sólo son leales cuando tienen un cargo público", mientras que en Villahermosa su discurso apenas duró ocho minutos debido a un chubasco que hizo naufragar el mitin ■ Marco Peláez

CIRO PÉREZ, PATRICIA MUÑOZ Y ROSA ELVIRA VARGAS ■ 10 y 12

Las irregularidades en los datos del IFE no se hicieron esperar. El periodista Jacobo Zabludovsky[2], el 12 de mayo de 2006 informó que había discrepancias de hasta 9 millones de votantes en el padrón. Pero la prueba de la manipulación ilegal del padrón fue dada en vivo en el noticiero de Carmen Aristegui el 26 de junio del 2006, quien usando "Hildebrando 117" como nombre de usuario, y "captura" como clave de acceso, pudo ingresar a la red interna del PAN (http://200.77.234.173/ intranet), desde donde logró acceso al padrón [55].

En resumen

Con lo anterior es posible constatar que antes de 2006 ya había intervención de EEUU para tener acceso a datos de votantes mexicanos, una compañía cibernética estadounidense (involucrada en la rasura de datos electorales en su país) había logrado adquirir el padrón electoral mexicano, y existía una compañía cibernética mexicana de un cuñado del candidato Calderón con contratos con el IFE y acceso al padrón, y colaboradores de campaña de Calderón con acceso libre al padrón. Por supuesto que todo esto indica que sí existía la capacidad técnica para la ejecución de un fraude cibernético y que estaban involucrados personajes y compañías con experiencia en fraudes electorales y fiscales, con acceso a datos confidenciales y con muchos intereses en juego en esa elección.

Algunas de estas observaciones fueron hechas públicas un mes antes de las elecciones por Manuel Patiño [56], experto en encuestas, estadística e informática, y por el escritor José Reveles en el capítulo 22 del libro *Las manos sucias del PAN* [57].

El fraude en el PREP

El 12 de julio de 2006 el espectáculo televisivo más visto fue el avance de las elecciones presidenciales mostrados también por internet por medio del Programa de Resultados Preliminares (PREP). Los navegantes de la red vieron un inicio fortísimo del PAN de más de 4% de ventaja sobre la coalición que lideraba el Partido de la Revolución Democrática (PRD), que

---

[2] Ya redimido de los pecados salinistas al ser expulsado de Televisa en 1990.

empezó a disminuir en porcentajes durante la tarde y noche. Alrededor de la medianoche del domingo, las tendencias parecían indicar que el PRD sobrepasaría al PAN alrededor de las 3:00 A.M. del lunes, y que amanecería con una ventaja de un punto porcentual. La gran sorpresa matutina fue que la tendencia había cambiado en la noche y el PAN aparecía con una ventaja pequeña pero invariante de aproximadamente 1 por ciento. Este cambio, que era estadísticamente inexplicable, mandó a muchos investigadores a hacer precisamente lo que hacen para ganarse la vida: análisis de datos. El grupo que se auto conformó fue denominado más tarde como el de los "Anomaleros", por el hecho de estudiar las anomalías de los datos electorales.

Figura 25. Datos del PREP mostrando la evolución en tiempo de las votaciones recibidas por el PAN, PRD y PRI

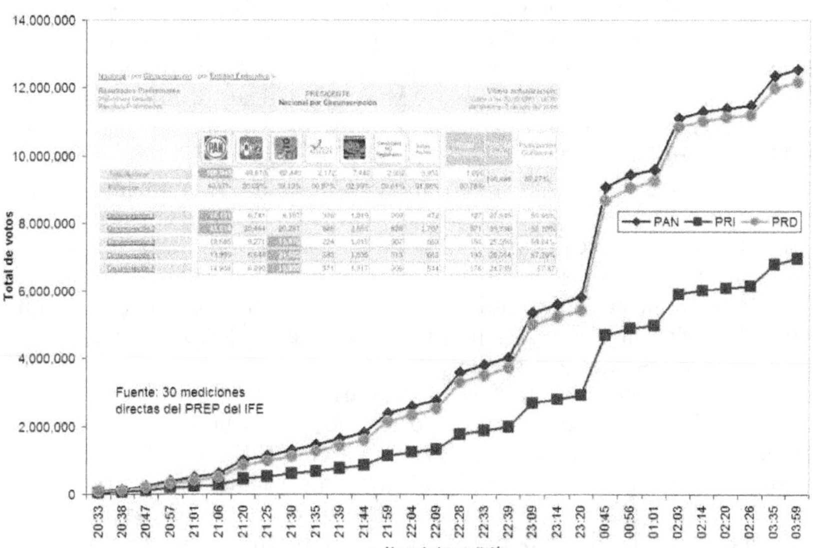

Fuente IFE-PREP

El resultado fue que los datos del PREP tenían correlaciones perfectas entre las votaciones de los partidos, arreglos en el tiempo, y comportamientos matemáticamente inalcanzables. Todo esto, aunado a la historia contada por las "actas inconsistentes" —actas de votación que por casualidad no habían sido procesados por la maquinaria del PREP— llevó a muchos a dudar de la versión oficial.

Los datos

Para entender los estudios de los Anomaleros es menester recordar el camino que recorrieron los datos del PREP. Éste se iniciaba en los 130,777 paquetes que contenían los votos recibidos en todas las casillas del país, y que habían sido enviados a las cabeceras de los 300 distritos electorales a partir de las 8:00 P.M. del 2 de julio. La información era capturada en los Centros de Acopio y Transmisión de Datos (CEDAT) de cada distrito, y en total, para las 8:00 P.M. del 3 de julio, ya se habían transmitido 128,771 paquetes al Centro Nacional de Recepción de los Resultados Electorales Preliminares; eran esos datos los que aparecieron en TV e internet.

Al terminar, el PREP mostró una diferencia de 1.04% entre los candidatos de PAN y de PRD, a favor del primero. Más tarde, al ser incluida la mayoría de los paquetes restantes ("actas inconsistentes"), la diferencia se redujo a 0.62 por ciento.

Aunque los datos del PREP no tenían valor legal, contenían información útil como información de la casilla, números de votos, etcétera, así como hora de recepción de cada acta en los CEDAT, hora de captura en computadora y hora de inclusión en el PREP. La figura presentada por el IFE dio la vuelta al mundo entero y la simetría de las curvas hizo que científicos, ingenieros y programadores, entre otros, se pusieran a recolectar datos para estudiarlos.

Los datos inicialmente fueron adquiridos en la medida que iban apareciendo por captura directa de los mostrados por el PREP, y más tarde, los resultados finales del PREP fueron puestos a la disposición del público por el IFE. Esos datos aún se pueden conseguir en el sitio del Dr. Luis Mochán del Centro de Ciencias Físicas de la UNAM en Cuernavaca [58], o en la misma base de datos del IFE [59], ahora Instituto Nacional Electoral.

Correlaciones

Uno de los primeros estudios hechos públicos fue el de Eduardo Trejo y Martín Arredondo de las Redes Ciudadanas de Guanajuato. Usando la correlación de Pearson [60,61], Trejo y Arredondo encontraron una correlación lineal perfecta entre la votación recibida por los tres partidos.

En carta dirigida a la diputada federal Patricia Díaz [62], Trejo mostraba la gráfica adjunta y afirmaba:

... concluimos que existe una correlación lineal perfecta entre las distintas variables, que significa que dichos resultados están descritos por una ecuación lineal, lo que en las investigaciones de ciencias sociales es casi imposible su ocurrencia, y más en este tipo de evento, ya que los resultados fueron llegando al azar, y no es posible que mantuvieran esa línea recta de comportamiento que a continuación grafico. En una ecuación lineal, es posible predecir el valor de una variable conociendo el valor de otra.

El estudio de Trejo y Arredondo fue dado a conocer el 3 de julio e incluía tan sólo 12 horas de actualizaciones y unos 6 millones de votos, repitiendo el cálculo con las 94 actualizaciones de las 36 horas de funcionamiento del PREP la relación lineal se mantuvo [1].

**Figura 26. Relación lineal encontrada por Trejo
y Arredondo entre los datos del PAN y PRI**

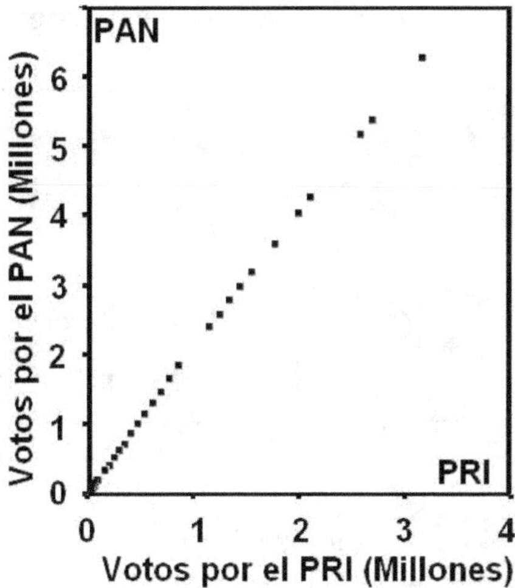

Al hacerse públicos estos resultados [63,64] levantaron la firme
sospecha que los datos del PREP, si no eran falsos, al menos habían sido
modificados, o *cuchareados*, para ponerlo en términos de la jerga política
de la época. En respuesta oficial el IFE desechó esas observaciones [65,66]
simplemente aduciendo que la llegada de datos del PREP jamás fue lineal
y que los resultados del coeficiente de Pearson no eran significativos ni
aplicables al caso de una elección; como se explica en detalle en el libro
primero [1], ninguna de estas argumentaciones tiene sentido.

Series de tiempo

Otros estudios de Romero Rochín [67] y Julián Becerra Sagredo [68], se
enfocaron en la votación acumulada en función del tiempo encontrando
variaciones estadísticamente imposibles así como ordenamientos inexpli-
cables.

**Figura 27. En el PREP los votos del PAN iban
de mayor a menor y los del PRI de menor a mayor
(izquierda), pero al graficar de acuerdo al tiempo
de recepción el ordenamiento desaparecía (derecha)**

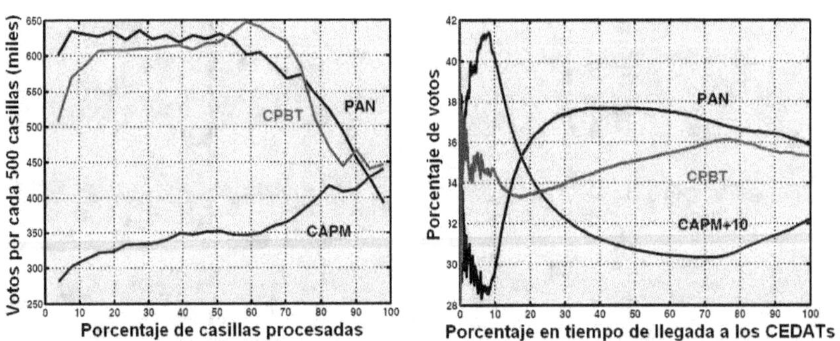

Como se muestra en el panel izquierdo de la gráfica, graficando los
votos de cada 5 000 casillas de acuerdo al tiempo de aparición en el PREP
vemos que el número de votos recibidos por el PAN va de mayor a menor

y los del PRI de menor a mayor, lo cual es inexplicable bajo ningún argumento. Sin embargo, al presentar los datos de acuerdo a la hora de recepción del CEDAT, este ordenamiento desaparece (ver panel derecho); demostrando con esto que los datos fueron ordenados de manera artificial por el PREP mismo.

Curiosamente, en su estudio Romero encontró que la suma de los votos de los partidos "grandes" daba 95% del total, y la de los "chicos" más los anulados sumaban el 5% de manera constante (ver gráfica siguiente). Para el colega del Instituto de Física de la UNAM tanto el "comportamiento temporal atípico" como la "ley de conservación" del 95% – 5% (ahora conocida como la Ley Romero), son prueba inequívoca de la manipulación del PREP.

Figura 28. La suma de los votos de los partidos grandes da siempre 95% y la de los chicos 5 por ciento. ¿Una nueva ley de conservación?

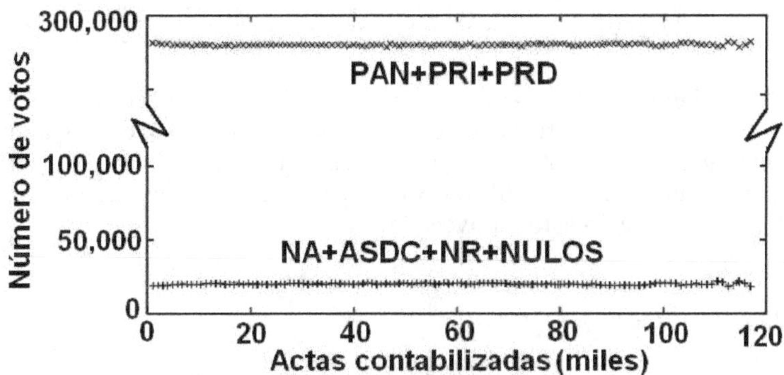

Las actas inconsistentes

Siguiendo con las instrucciones del propio IFE, alrededor de 13,000 actas con errores no fueron registradas en el PREP debido a simples omisiones de algunos valores de cero u otros errores sencillos. Debido a esas omisiones esas actas, llamadas "inconsistentes", y sus aproximadamente 2,500,000 votos no fueron manipulados por el PREP y, al venir provenientes de los

32 estados y de 298 de los 300 distritos electorales, eran estadísticamente confiables como para verificar los resultados del PREP.

En su estudio, Víctor Romero [69] hizo un poco de arqueología electoral y encontró que los datos de la era pre-PREPaleolítica arrojaban resultados muy distintos a los post-PREParados. En lugar del casi-empate de 36.38% del PAN versus 35.34% del PRD del PREP, los votos químicamente puros (una vez corregidos los porcentajes de rural y urbano) reducían a Acción Nacional a un 32.37% y aumentaban al PRD a un 35.91 por ciento.

Figura 29. Resultado de la elección de acuerdo a los 2,500,000 votos que no fueron manoseados por el PREP

	Casillas inconsistentes 77% Urbano 23 % Rural		
	PAN	**PRI**	**PRD**
Total:	32.37%	27.50%	35.91%

Traduciendo esos porcentajes a votos, la ventaja del PRD equivaldría a casi 1.5 millones de votos; el error estadístico del estudio, debido a que se trataba de casi 2,500,000 votos, era de un minúsculo 0.063%; después de once años no ha habido un experto en estadística que pueda probar que esta argumentación está equivocada.

Más huellas del fraude

Como se explica en detalle en el libro [1], se encontraron otras anomalías en la evolución de la diferencia entre los votos del PAN y del PRD. El PREP mostró al PAN con una ventaja de principio a fin, lo cual en una elección cerrada es prácticamente imposible. En particular el Dr. Miguel de Icaza-Herrera, del Centro de Física Aplicada y Tecnología Avanzada de la UNAM en Querétaro, demostró [70] que en esta elección la probabilidad de que el PAN lograra sobrepasar al PRD por más de 437,000 votos, era ridículamente pequeña. De darse de manera "natural", la desmedida ventaja inicial del PAN sobre el PRD sucedería estadísticamente tan sólo una vez en las siguientes ¡181 millones de elecciones! El hecho de que —a pesar de esta imposibilidad estadística— el IFE mostrara datos con ese comportamiento, refuerza la certeza sobre la manipulación del PREP.

Usando extrapolación de datos del PREP, el Dr. Luis Mochán del Centro de Ciencias Físicas de la UNAM en Cuernavaca, confirmó [71] el crecimiento lineal de los datos del PREP. Desgraciadamente, también encontró que éstos eran consistentes con un inicio de votos ¡negativos! del orden de –50 mil para el PRI y de –126 mil para el PRD.

Curiosamente, los profesionales de las ciencias sociales brillaron por su ausencia durante todo este período, y los pocos que asomaron la nariz (Aparicio [72], Mebane [73], Mancilla [74], Díaz Cayeros [75]) lo hicieron para defender posiciones indefendibles o estudiar numerología. Cierro esta sección reiterando la expresión que hiciera famosa el libro anterior:

> *"¡Oh, pobres doctores de ciencias políticas,*
> *tan cerca de la política y tan lejos de la ciencia!"*

El fraude en el Conteo distrital

El conteo oficial de los votos se llevó a cabo el 5 y 6 de julio del 2006 en cada uno de los 300 distritos electorales. De nuevo, los resultados de las casillas de un mismo distrito eran acumulados y enviados al IFE donde pasaban por el mismo proceso tenebroso que los datos del PREP; por supuesto, esto permitió que se perdiera el origen de los datos mostrados en el internet y se pudieran usar los mismos trucos puestos al descubierto en la sección anterior.

El conteo distrital empezó el 5 de julio y terminó el 6 a las 3:00 P.M. Este conteo le dio el triunfo al PAN por 243,934 votos o 0.58%, sobre el PRD. El margen de diferencia disminuyó del anterior de 402,708 votos o 1.04 por ciento. En el conteo distrital el 97.8% de los paquetes electorales no fueron abiertos y tan sólo 2,873 (2.2%) fueron re-contados.

La información del recuento no fluyó abiertamente. Aunque el proceso terminó el 6 de julio, el IFE no proporcionó resultados completos, sino tan sólo la lista de paquetes contados hasta el día 20, y el 28 se limitó a mostrar los cambios hechos durante el recuento; en resumen el PRD perdió 14,350 votos y el PAN 12,854.

Otra orden de ordenamientos

Los que no pueden recordar el pasado están condenados a repetirlo, sentenció Jorge Santiyana en 1905, desgraciadamente, para el 5 de julio de 2006 el ordenamiento de los datos del PREP aún no estaba enteramente en el pasado, y el IFE lo pudo repetir en el conteo distrital.

De nuevo los datos del conteo distrital que el IFE presentó por internet exhibieron un ordenamiento en tiempo de menor a mayor para el PAN, pero ahora acompañados por un descenso simétrico para el PRD.

Figura 30. Evolución de las votaciones recibidas evaluadas en grupos sucesivos de 300 mil votos. La estabilidad de los votos del PRI y partidos chicos contrasta con las fluctuaciones irreales del PAN y el PRD

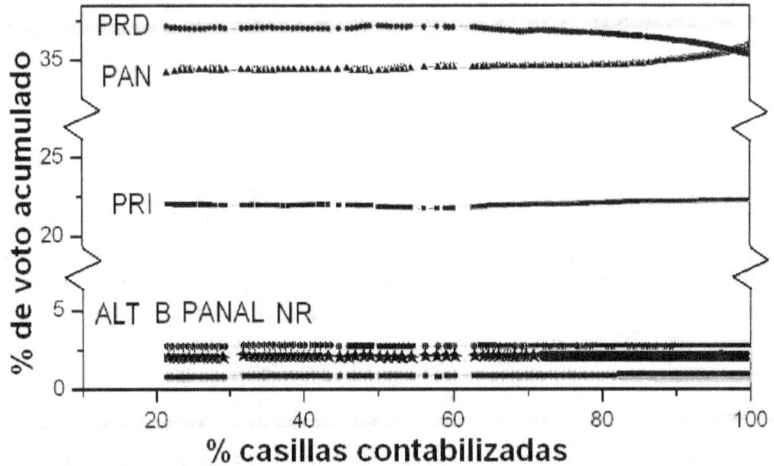

En otro análisis más [67,76], Romero aplica la misma medicina a la misma enfermedad. Como se muestra en la gráfica, calculando los porcentajes de votos recibidos por cada partido en cada grupo de 300,000 votos, Víctor encontró que los promedios del PRI y de los partidos chicos se estabilizaban prácticamente desde el 20% del recuento —en concordancia plena con la ley de los grandes números [77], mientras que los porcentajes del PAN y PRD no —en violación plena con la misma ley.

Aumentando la escala (ver figura) se puede ver nuevamente el ordenamiento de los datos ahora de mayor a menor para el PRD y de menor a mayor para el PAN. Debido a que los demás partidos están correctamente estabilizados, toda variación del porcentaje del PRD se refleja de manera simétrica pero opuesta en los porcentajes del PAN; la correlación de Pearson entre los votos usados para obtener esas curvas es prácticamente perfecta [78].

Figura 31. Evolución de los porcentajes de PAN y PRD en función de las casillas contadas. El área sombreada muestra el cambio máximo que pudo haber sufrido el PRD sin violar la ley de los grandes números, el cual es mucho menor al observado

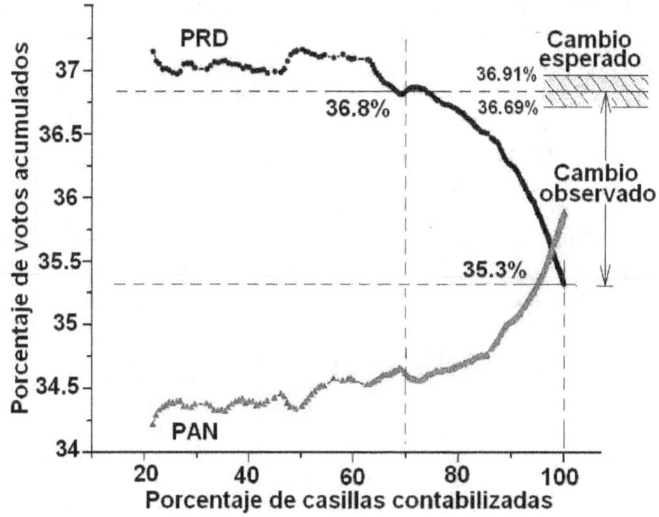

El cambio en la rapidez del incremento del PAN (y la merma del PRD) es notorio alrededor del 70% de casillas computadas; Romero Rochín hace notar que ese cambio se dio el día 5 de julio a las 6:00 P.M., mientras que el cruce sucedió a las 4:00 A.M. del día siguiente cuando faltaban escasas dos mil actas por procesar.

La violación a la ley de los grandes números no puede ser mayor. Como se explicó en el libro [1], debido a que al llegar al 70% de casillas computadas la cantidad de números usados para obtener los porcentajes de votos es del orden de 100,000 actas y su margen de error no debería ser mayor que un 0.3%[3] mostrado como área sombreada en la figura. Pero las curvas de la figura nos cuentan otra historia.

Tomando el porcentaje del PRD como 36.8% al cumplirse el 75% del conteo, se esperaría que ese promedio variara 0.11%, es decir, entre 36.69% y 36.91%, que es el rango sombreado mostrado en la figura. Como se puede ver en la gráfica, al ir del 75% al 100% de casillas contabilizadas, el porcentaje del PRD cayó 2.4% (de 36.8% al 35.3%), lo que en porcentaje del valor inicial corresponde a una variación de más del 6.5%[4], excediendo en más del 2,000% el máximo de 0.3% permitido. Debido a la irreal simetría, los cambios del PAN también sufren de las mismas anomalías.

Para evitar discusiones acefca de si el origen del ordenamiento se debía a que los votos urbanos (supuestamente más pro-PAN) llegaban antes que los rurales (supuestamente más pro-PRD), Romero en esta ocasión se enfocó en los 16 estados donde el PAN obtuvo mayoría de votos así como en los otros 16 donde el PRD lideró,[5] y aunque la velocidad de captura de actas sí varió durante el conteo, Víctor —ya sin capacidad de asombro— encontró el mismo ordenamiento.

Después del conteo distrital y sin dar explicación alguna, el Tribunal del IFE ordenó un recuento de 11,839 paquetes electorales (9% del total) que habían sido impugnados por partidos diferentes. Éste se llevó a cabo entre el 9 y el 13 de agosto de 2006 y trajo como resultado, el 28 de agosto, la anulación de 237,736 votos: 81,080 del PAN, 76,897 del PRD, 63,000 del PRI y 8,705 de los partidos Nueva Alianza y Alternativa.

---

[3] 0.3% es el inverso de la raíz de 100,000 expresado en porcentaje.

[4] 0.11 es el 0.3% de 36.8: 36.8 × 0.003 = 0.11; 2.4 es el 6.52% de 36.8: 2.4/36.8 × 100 = 6.52.

[5] AN lideró en Aguascalientes, Baja California Norte, Coahuila, Colima, Chihuahua, Durango, Guanajuato, Jalisco, Nuevo León, Puebla, Querétaro, San Luis Potosí, Sinaloa, Sonora, Tamaulipas y Yucatán; PRD lideró en Baja California Sur, Campeche, Chiapas, Distrito Federal, Guerrero, Hidalgo, Edo. México, Michoacán, Morelos, Nayarit, Oaxaca, Quintana Roo, Tabasco, Tlaxcala, Veracruz y Zacatecas.

"Errores aritméticos"

Las denuncias [79,80] antes, durante y después del conteo y recuento [81] evidenciaron la existencia de paquetes electorales sin sellos, abiertos, desgarrados, con menos o más votos de los reportados en las actas, con votos sin doblar, con votos *taqueados*, llenados de manera idéntica, presiones a capturadores del IFE [82], etcétera.

**Figura 32. Desplegado publicado a nivel nacional
por Carlos Marín y otros firmantes**

Lo anterior fue cuantificado, entre otros, por Mark Weisbrot, David Rosnick, Luis Sandoval y Carla Paredes-Drouet, del Centro de Investigación en Economía y Política (CEPR) de Washington [83] quienes, antes la falta de transparencia, se preguntaran por qué el IFE esperó un mes para dar los resultados del recuento. El grupo del CEPR inmediatamente identificó paquetes que excedían el límite de 760 votos, lo que ya anteriormente había sido detectado por un grupo de académicos de la UNAM [84].

El tamaño de los errores que estaban en discusión fue calculado por un grupo liderado por el periodista Carlos Marín [85][6], e independientemente por el PRD [86]. Clasificando errores en numéricos y de lista nominal, encontraron que 7,532 paquetes electorales, o 63.6% de los 11,839 impugnados, tenían votos de más o de menos, y que en 8,428 casillas había discrepancias entre el número de votos y el número de votantes en la lista nominal. Argumentando que esos errores eran de anulación obligada, Marín y su grupo concluían que la anulación reduciría 1,389,653 votos al PAN y 618,933 al PRD, por lo que éste último debería ser declarado ganador con una ventaja de 526,786 votos.

Por su parte, Weisbrot, Sandoval y Paredes-Drouet del CEPR [87] encontraron 24,911 casos de rellenos y 36,281 de desapariciones, en porcentaje, ¡hubo errores en prácticamente la mitad de todas las casillas! Mochán y Becerra Sagredo encontraron que el efecto de estos errores fue el de agregar siempre una ganancia neta para el PAN. Miguel de Icaza, en su estudio "acromático" (sin colores partidistas) [88], identificó 117 casillas donde el número de votantes excedió el 100% posible, y 14,843 casillas donde la participación ciudadana fue sospechosamente mayor (con una probabilidad menor a 1 en 10 millones) que el promedio nacional de 57.82 por ciento.

---

[6] Desgraciadamente, para la elección del 2012 Marín ya se había pasado al lado de la deshonestidad al pedirle a su colaborador de Milenio, Héctor Tajonar, que dejara de criticar a Televisa en su columna "Acentos", por estar *Milenio* Televisión asociado a esa empresa televisora; afortunadamente Tajonar no cruzó la línea y renunció *ipso facto* a *Milenio*.

**Figura 33. Gráfica del reporte de AC Nielsen admitiendo
la existencia de errores en el 49.8% de las casillas**

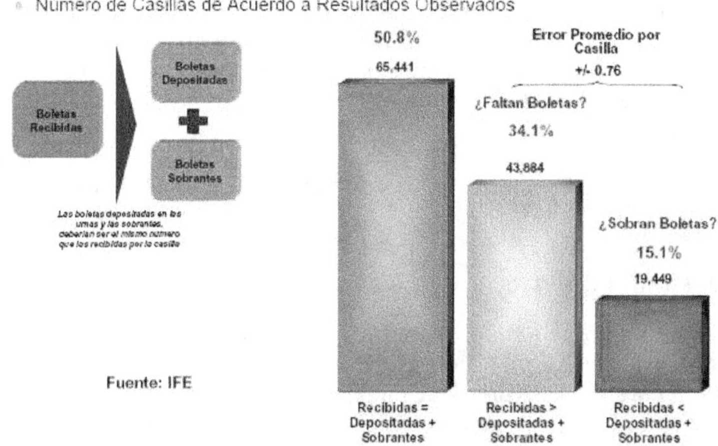

Fuente: IFE.

Una vez más el IFE hizo declaraciones públicas acerca de estos resultados [89] negando el impacto de los errores en los resultados de la elección y, para lavarse las manos, contrató a A.C. Nielsen —la compañía que mide la popularidad de los programas televisivos en los EEUU— para que estudiara los "errores aritméticos". En su reporte [90], después de aceptar que los errores constituían el 49.8%, A. C. Nielsen hizo un desglose de los éstos y concluyó que:

"dichas inconsistencias se distribuyen de una manera uniforme entre casillas favorables al PAN y casillas favorables a la coalición Por el Bien de Todos, lo que hace difícil pensar que exista alguna tendencia partidista que dé origen a dichos errores".

Y listo, con un ¡sí es cierto! el IFE se olvidó del asunto.

El Tribunal Electoral de Poder Judicial de la Federación (TRIFE), por su lado, tampoco cantó mal las rancheras. Como dijo Cicerón hace más de dos mil años: "las leyes son mudas en tiempos de guerra" por lo que para desechar toda esta avalancha de errores, el TRIFE decidió **ignorar** la Ley General del Sistema de Medios de Impugnación en Materia Electoral del Código Federal de Instituciones y Procedimientos Electorales que, en su artículo 75k, establece que las casillas con "irregularidades graves, plenamente acreditadas y no reparables" y que "pongan en duda la certeza de la elección" deben ser anuladas.

Y en cambio, hizo una regla nueva —supongo que tan sólo para esta elección— en la que validaba aquellos paquetes electorales en los que los "errores aritméticos" no cambiaban el orden del primero y segundo lugar. En las palabras de Mochán:

> "Este es un fraude, pero no de un partido contra otro, sino del tribunal contra nuestro sistema electoral".

La autopsia del muerto

Una vez que los datos del conteo distrital se hicieron públicos, los estudios se multiplicaron. Del Reino Unido se alzaron los tecleos de Philip Davies, bachiller en matemáticas computacionales, quien nos hizo ver [91] que la votación que el PAN había recibido en las casillas estaba relacionada con el número de votos anulados. Así pues, en casillas en las que hubo uno o ningún voto anulado, el candidato del PAN recibió entre 4 y 6% por encima del 35.89% que obtuvo en el promedio nacional, mientras sucedía lo opuesto con el PRI: a toda subida y bajada del PAN corresponde una bajada o subida del PRI. Esta ley de conservación, la "Ley Davies", se satisface con un coeficiente de Pearson casi perfecto [1].

Siguiendo con el mismo tipo de análisis, Philip Davies y Raymond Hall [92] de manera independiente estudiaron las preferencias electorales de cada casilla en función de la participación ciudadana. Una vez más, Davies encontró que en casillas donde hubo poca votación, el porcentaje de votos del PAN cayó del promedio nacional (35.89%) a un mísero 20%, pero en casillas con mucha participación su promedió se elevó a un impresionante 47 por ciento. Curiosamente, el efecto no se observó con el PRD pero sí con el PRI donde la Ley Davies se cumplió por segunda vez:

a cada subida o bajada del PAN corresponde un cambio inverso del PRI. Se calcula que efecto pudo significar al PAN unos 650 mil votos extras [1], más del doble de la supuesta diferencia final; en promedio, cada una de esas casillas maravillosas donde se detectó este efecto, reportó unos 27 votos extras para PAN.

Más huellas del fraude

De nuevo, el libro [1] detalla estudios de dos investigadores distintos que, usando simulaciones computacionales diversas y estudiando partes distintas de la elección, llegaron a conclusiones parecidas. El Dr. Carlos Manuel Rodríguez Román, del Instituto Politécnico Nacional (IPN), usó simulaciones computacionales para estudiar la elección sin poder reproducir los resultados del conteo distrital; no fue sino hasta que modificó las simulaciones para integrar un fraude *ad hoc* que logró reproducir las tendencias del conteo distrital.

Por su parte, Luis Guillermo Cota Preciado, de la UNAM, también simuló la elección poniendo atención en los tiempos de recepción y reporte de datos. Sus resultados indican que el avance de los datos del conteo distrital distó mucho del "verdadero".

En resumen

El conteo distrital del 5 y 6 de julio de 2006 revisó los paquetes electorales produciendo otra avalancha más de anomalías al darle el triunfo del PAN por tan sólo 243,934 votos. El recuento mostró un cruce tardío del PAN sobre el PRD que violaba la ley de los grandes números. Asimismo se encontraron sospechosas subidas y bajadas simétricas en las votaciones del PAN y del PRD. Miguel de Icaza identificó miles de casillas con exceso de votantes y participación sospechosamente mayor. En Washington encontraron errores en un total de 48.5% de las casillas con 24,911 casos de rellenos y 36,281 desapariciones de votos. En Suiza encontraron que esos "errores aritméticos" reportaban ganancia neta para el PAN.

El recuento del TRIFE, del 9 al 13 de agosto del 2006, examinó 11,839 paquetes electorales impugnados (9% del total) y anuló, sin mayor explicación, 237,736 votos. Estudios posteriores encontraron que en este recuento el TRIFE violó el Código Federal de Instituciones y Procedimientos Electorales al rehusarse a eliminar 8,428 paquetes que eran de anulación obligada y que le aseguraban el triunfo al PRD por 526,786 votos. En cambio, el TRIFE hizo una nueva regla en la que validaba aquellos paquetes electorales en los que los errores "aritméticos" no cambiaban el orden del primero y segundo lugar.

¿Quién ganó la elección?

Parte del estudio de los Anomaleros fue el estimar las magnitudes de las anomalías en términos de votos. Como se explica en el libro [1], todos los estudios le otorgan ventajas al candidato del PRD que van desde 100,000 votos hasta más de 4 millones de votos. Usando el principio conocido como la "Navaja de Ockham" [93], que establece que la explicación de cualquier fenómeno debe contar con el número menor posible de suposiciones, se debe evitar usar toda teoría de fraude que requiera de calificación o descalificación de datos oficiales, o validación de cálculos simples o exuberantes. La única teoría que no requiere de suposición alguna es la de las casillas inconsistentes; de acuerdo a esos resultados, el ganador de la elección fue López Obrador por 1.5 millones de votos.

Una teoría del fraude

Previo a la lectura de esta sección, el lector deberá hacer una pausa, relajarse, echar el respaldo para atrás, acercarse su bebida no-alcohólica favorita y empezar a hilar datos, cálculos y eventos para llegar a entender mejor lo que sucedió en la elección de 2006. Deberá pensar primero en cómo debieron ser las cosas, el flujo de información, los tiempos, etcétera. Deberá después agregar los resultados que le hayan convencido de las investigaciones presentadas y usarlos para modificar su explicación inicial. Al final deberá escribir sus propias conclusiones y, una vez hecho esto, tendrá la claridad necesaria para leer esta sección.

Ahora, con sus ideas en mente, pregúntese si su explicación de cómo ocurrieron las cosas incluye una posible manipulación de datos desde dentro del IFE, acuérdese que ahora se sabe con seguridad que ésta existió. Recuerde que el flujo de datos del PREP y del conteo distrital fue de los distritos electorales al Centro de Acopio y Transmisión de Datos de cada distrito, y de ahí al Centro Nacional de Recepción de los Resultados

Electorales Preliminares (CENARREP) para su publicación por Internet; como fue puesto en claro por Romero Rochín y Becerra Sagredo, lo que salía del CENARREP era distinto a lo que había llegado al CEDAT, lo que indica alteraciones desde el interior del IFE.

Figura 34. Ingeniero Pedro Martínez ex-trabajador del IFE, explicando en YouTube las modificaciones de datos que ocurrieron durante el PREP y Cómputo Distrital

Otro ingrediente que debió incluirse en la teoría es el uso de equipo electrónico para lograr las intervenciones anteriores. La creación y acomodo de cientos de miles de votos, de cientos de casillas y de cientos de distritos electorales, necesariamente requiere de un sistema de cómputo para dar avances de las "sumas" cada 5 minutos; se sabe que hubo modificaciones de datos varias veces durante el PREP y el recuento [94]. Asimismo, el hecho que los datos del último 20% del conteo sean estadísticamente diferentes de los del primer 80%, y preparados muy a las necesidades de los últimos minutos del conteo, nos indica que el software usado fue manipulado por humanos.

La hipótesis de Romero

Romero presenta un escenario con metas, métodos y medios que pudo usarse para lograr el robo de la elección [76,95]. Poniéndose en el papel de los diseñadores del fraude uno se pregunta ¿de qué tamaño tendría que ser el fraude? ¿Cómo llevarlo a cabo? Y ¿cómo impedir que lo descubran?

Figura 35. Víctor Romero Rochín en el 2006
explicando en YouTube la necesidad
del voto-por-voto [95]

Debido a las encuestas que favorecían al PRD por varios puntos porcentuales, para voltear el marcador iba a ser necesario aumentar la votación a favor del PAN, reducir la del PRD o hacer ambas cosas. Bajo la suposición de que el PRD ganaría por 3%[7], se tendría que aumentar al PAN en un porcentaje mayor, digamos 4% para darle una ventaja del 1 por ciento.

En números redondos, el 4% de la votación total es de 1,600,000 votos. Para desviar tal cantidad de votos para el PAN sin que se notara, los votos tendrían que ser repartidos en una cantidad grande de casillas de tal manera que no aumentara demasiado la participación electoral ni el porcentaje de voto panista. Hay que recordar que Barberán logró detectar el fraude del 88 debido, en parte, a la existencia de casillas con el 100% de los votos para el PRI; los arquitectos del fraude no iban a cometer el mismo error.

Como el promedio de participación nacional fue de 58.55%, sería posible aumentar este porcentaje, digamos, hasta un 70% sin que fuera muy notorio. Un 10% de votos extras correspondería, en números redondos, a unos 80 votos[8] que tendrían que ser agregados en cada casilla a favor del PAN. Con la limitante de 80 votos por casilla, el millón seiscientos mil votos entonces tendría que ser repartido en 20,000 de las 130,000 casillas que había en el país. Esta afirmación concuerda con el estudio de Davies que encuentra que las casillas con alto porcentaje de votantes (entre 70 y 80%) son preferencialmente panistas.

Reducir el porcentaje del PRD representaba un juego peligroso. El recurso de impugnación le otorgaba a este partido la posibilidad de abrir los paquetes electorales y corroborar los votos directamente obtenidos. Lo más sencillo era dejar al PRD con los votos que legalmente obtuviera y engordar al PAN a costa del PRI, el cual no tenía esperanzas de ganar y se podía prestar al juego bajo las condiciones apropiadas (existen grabaciones de la operadora política —entonces priista— Elba Esther Gordillo convenciendo al gobernador priista de Tamaulipas de cometer fraude y pactar con el PAN [96]).

En consistencia con lo anterior está el hecho que el PRD alcanzó los mismos porcentajes en las actas inconsistentes (35.91%) que en el PREP (35.34%), mientras que el PAN y el PRI tienen cambios de varios puntos porcentuales en direcciones contrarias al PREP: el primero cayó de 36.38% a 32.37%, mientras que el segundo subió de 21.27% a 27.49 por ciento.

[7] Encuestas del 16 de junio del 2006 por el diario Reforma y Mitofsky ponían al PRD encima del PAN 37% a 35 y 35 a 32%, respectivamente.

[8] 10% de un máximo de 760 votos posibles es 76. Repartiendo 1,600,000 votos en grupos de 80 por casilla requiere de 1,600,000/80 = 20,000 casillas.

Esto es igualmente corroborado por el mismo estudio de Davies que encuentra que el porcentaje de votos recibidos por el PAN en casillas de alta participación ciudadana aumenta en la misma medida en que disminuye el del PRI.

Debido a que tanto los datos del PREP como los del conteo distrital tendrían que ser pasados por el sistema de cómputo del IFE, sería posible hacer la transferencia de votos PRI-a-PAN de manera virtual. No sería necesario que se alterara la votación en las casillas seleccionadas metiendo o sacando votos de las urnas o de los paquetes más tarde, ni siquiera iba a ser necesario que se alteraran las actas, en esta ocasión los mapaches estarían desempleados, como una víctima más de la modernización.

Las anticorrelaciones PRI-PAN encontradas indican que una vez seleccionadas las casillas a truquear, algún algoritmo se encargaría de transferir los 80 votos de un partido al otro. Por ejemplo, en una casilla rural donde el PRI tuviera 220 votos y el PAN 40, se cambiaría a 140 para el PRI y 120 para el PAN; una casilla urbana donde el PAN obtuviera 200 votos y el PRI 150, podría alterarse a PAN 280 y PRI 70. Cabe mencionar que este tipo de manipulación no deja huella en el último dígito pero sí en la normalidad de la distribución de porcentajes de votos, como lo demostró el Dr. Raúl Aguilar Roblero [97].

Figura 36. Dr. Raúl Aguilar Roblero de la UNAM mostrando la redistribución de votos que ocurrió en las primeras 30,000 casillas reportadas por el PREP [97]

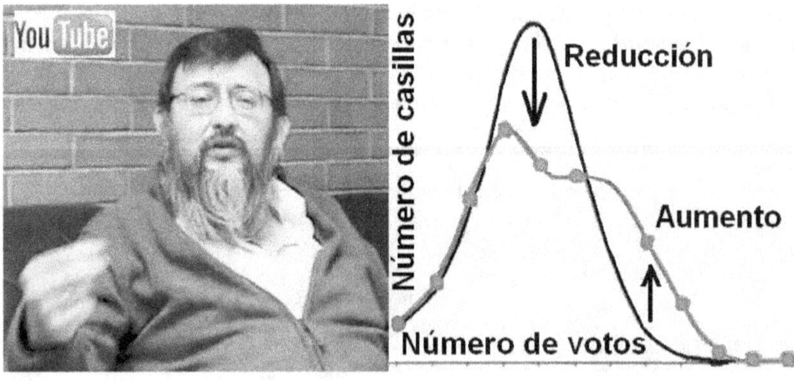

Curiosamente, las curvas de llegada de las actas rurales presentan similitudes con las curvas de llegadas de actas de los estados panistas, y las urbanas con las de los estados perredistas. Debido a que esta correlación es totalmente opuesta a la idea de que el PAN es más urbano que rural y el PRD más rural que urbano, le hizo pensar a Romero que la coincidencia no era tal, y que probablemente los arquitectos del fraude simplemente habían usado el mismo algoritmo para construir esas dos distribuciones cuando las necesitaron en el PREP y en el conteo distrital.

El espectáculo informático se repitió con el conteo distrital donde, de nuevo, los votos se presentaron no de acuerdo a los números reales sino con "actualizaciones" ficticias al gusto del IFE. Esta vez, nuestro internacionalmente reconocido Instituto Federal Electoral —que ha dado asistencia técnica a 32 países del orbe— caprichosamente divirtió a su público dándoles un final digno de *photo finish*, con el cruce del PAN sobre el PRD faltando tan sólo 2000 casillas por contar. ¿Y la ley de los grandes números? ¡Bien, gracias!

Para que el plan funcionara, sin embargo, se requería que el PRD no tuviera acceso a las actas ni a los paquetes trampeados para que no pudiera cotejar después con las bases de datos. Como la ley prohíbe a los partidos impugnar paquetes electorales donde no tuvieron representación, el problema se resolvió de manera sistemática[9] eliminando enteramente a los representantes del PRD de las casillas cuyos resultados serían falseados. Al final, el mismo PRD declaró haber estado ausente en 30,000 casillas [98].

Como segunda medida de seguridad, el IFE no publicó los resultados de cada casilla para que los cambios de votos no pudieran ser detectados al compararlos con los resultados expuestos en las "sábanas" (mantas con los resultados de la votación) de cada casilla; el avance de la votación se presentó por medio de "actualizaciones" correspondientes a supuestas acumulaciones de votos de grupos de casillas.

El problema posterior, que los paquetes que se abrirían en el conteo distrital y en el recuento de las actas impugnadas tuviera el número de actas "correctas", sería resuelto en su momento "a la antigüita": rellenando los paquetes al trote y moche con boletas sin doblar, cientos de boletas marcadas de manera idéntica, y otras muchas artimañas [99] que fueron identificadas en el estudio del CEPR y por denuncias anónimas en redes sociales.

[9] Los trucos usados incluyeron el robo de tarjetas de elector a funcionarios de casilla y el reemplazo de último momento de representantes de casilla.

Por supuesto que la última barrera de protección sería la legal. En caso de que el fraude se descubriera, como sucedió, se recurriría al TRIFE cuyos miembros desquitarían su salario y se ganarían los bonos millonarios a los que hace referencia Samuel Schmidt en su prólogo [1]. Al final, los magistrados pusieron cara dura e inventaron reglas nuevas para poder pasarse la ley por el arco del TRIFE.

En resumen, la teoría de Romero presenta un escenario en el que los números de las actas recibidos fueron falseados en el último paso de la transmisión electrónica, y las poquísimas actas que lograron ser impugnadas fueron "corregidas" por mapaches antes de la apertura de los paquetes. Esta teoría, estando basada en mediciones experimentales, logra explicar muchas de las anomalías observadas respetando las cotas enumeradas al principio de esta sección.

Whodunit?

Como novela de misterio, los hechos se presentan frente al lector para que trate de hilar cabos y encontrar al culpable. Para estas alturas del libro ya debe ser obvio que el instrumento del fraude del 2006 fue Hildebrando con sus operaciones secretas del IFE. La conexión PAN-Hildebrando fue establecida más allá de toda duda en 2012 por el veterano periodista Julio Scherer García en su libro "Calderón de cuerpo entero" [100], donde describe la existencia de dos facturas de abril de 2006 con las que el PAN hace dos pagos de 11 millones 999 mil pesos a la compañía Hildebrando por la "captura de datos de simpatizantes de candidatos de Acción Nacional", datos corroborados por Manuel Espino, dirigente nacional del PAN durante la campaña.

Pero la pregunta que realmente importa es, ¿quién estaba tras la operación completa? Si pudiéramos responder a esta pregunta, podríamos entonces seguirle la pista al o los culpables y tratar de adivinar sus intenciones futuras. Después de todo, estamos a su merced, ¿o no?

Andrés Manuel López Obrador (AMLO) dice que fue la mafia[10] la que le robó la presidencia [101]; obedeciendo los consejos milenarios de Séneca

---

[10] Mafia compuesta por 16 hombres de negocios (Carlos Slim, Ricardo Salinas Pliego, Germán Larrea, Alberto Baillères, Jerónimo Arango, Roberto Hernández, Emilio Azcárraga, Alfredo Harp, Claudio X González, Lorenzo Zambrano, Roberto González, Lorenzo Servitje, Gastón Azcárraga, Carlos Peralta, Dionisio Garza Medina y José Antonio Fernández), 11 políticos (Carlos Salinas de Gortari, Diego Fernández De Cevallos, Enrique Peña Nieto,

"*cui prodest scelus, is fecit*",[11] los 30 miembros de tal mafia se deberían de beneficiar enormemente del fraude. Aunque es obvio que todos ellos están bien financiera y políticamente, y de seguro crecieron en el sexenio 2006-2012, creo que don Andrés dejó fuera de la lista a un personaje que en aquel entonces, bajo el gobierno del PAN, logró entrar al selecto club de los 50 más ricos del orbe. Tal personaje, junto con la nube de asociados financieros, políticos, empresarios lava dólares, etcétera. Debieron formar parte de la lista de posibles culpables.

Figura 37. El Universal, 11 de marzo de 2009

EL UNIVERSAL.com.mx

CARTERA

El Chapo Guzmán, entre los más ricos de Forbes

De acuerdo con la nueva lista de la revista, que incluye a los hombres más acaudalados del mundo, el narcotraficante mexicano posee una fortuna de mil millones de dólares

EFE
EL UNIVERSAL
NUEVA YORK, ESTADOS UNIDOS MIÉRCOLES 11 DE MARZO DE 2009

16:58 De acuerdo con la nueva lista de la revista, el narcotraficante mexicano Joaquin *El Chapo* Guzmán Loera se une a las personas más adineradas al poseer una fortuna de mil millones de dólares

Según la revista, *El Chapo* Guzmán se integró a la lista de los hombres más ricos del mundo (Foto: Tomada de Forbes.com)

Manlio Fabio Beltrones, Elba Esther Gordillo, Beatriz Paredes, Emilio Gamboa, Francisco Rojas, Vicente Fox, Felipe Calderón y Luis H. Álvarez), y 3 tecnócratas (Francisco Gil, Guillermo Ortiz y Pedro Aspe).

[11] Aquel a quien beneficia el crimen es quien lo ha cometido.

Conclusión

En resumen, hemos visto que desde antes del 2006 existían esfuerzos de compañías cibernéticas nacionales y estadounidense por apoderarse del padrón electoral mexicano, que tal base de datos llegó a manos del grupo de campaña de Calderón durante la contienda electoral para ocupar el puesto presidencial, y que la compañía contratada por el IFE para el desarrollo del software era propiedad del cuñado del candidato del PAN.

Estudios de los datos oficiales del PREP sacaron a la luz la existencia de relaciones algorítmicas entre las supuestas votaciones recibidas por los diferentes partidos, ventajas de Acción Nacional sobre el PRD estadísticamente imposibles, consistente con un inicio con votos negativos para los partidos de oposición.

De igual forma, el conteo distrital produjo otra avalancha de anomalías al darle el triunfo al PAN por tan sólo 243,934 votos. Los datos, amén de violar leyes estadísticas, mostraban relaciones extrañas entre preferencias electorales y el número de votos nulos así como el porcentaje de participación ciudadana. Miles de casillas exhibieron exceso de votantes o participación sospechosamente mayor, y hubo "errores aritméticos" en el 49.8% de las casillas.

El recuento del TRIFE examinó 11,839 paquetes impugnados y — estableciendo una regla nueva para validar paquetes con errores que no cambiaban el orden del primero y segundo lugar— se rehusó a eliminar 8,428 paquetes que eran de anulación obligada y que le aseguraban el triunfo al PRD por 526,786 votos.

Todos los estudios apuntan en la misma dirección y dan como ganador al candidato del PRD por márgenes que van desde 100,000 hasta más de 4 millones de votos. El estudio de Víctor Romero [69] de los votos inconsistentes no depende de suposición alguna y es irrefutable; el resultado de la elección debió ser de 32.37% para el PAN contra 35.91% para la "Coalición por el bien de todos", López Obrador debió ganarpor casi 1.5 millones de votos.

Tomando en cuenta los descubrimientos de los Anomaleros, Romero explica lo sucedido por medio de un escenario plausible por el que se pudo lograr el robo de la elección. Se necesitó agregar 1,600,000 votos a la cuenta del PAN a razón de 80 por casilla en 20,000 casillas. Para no dejar huella, los votos se le redujeron al PRI alterando de manera mínima el número total de votos. Asimismo, para evitar posibles impugnaciones se necesitó sacar a los representantes del PRD de 30,000 casillas, y se usó el CENARREP para esconder los micro-robos en "actualizaciones" del PREP y conteo distrital y no presentarlos por casilla para impedir su detección. Finalmente se usaron métodos "a la antigüita" para "corregir" los pocos paquetes que se abrirían en el conteo distrital y en el recuento. Para así llegar a la decisión final de un tribunal, TRIFE, cuyos miembros[12] sin vergüenza, modificaron leyes y aprobaron el robo en pos de los bonos millonarios que recibieron a la postre.

Figura 38. Rafael Barajas "El Fisgón"

12 Los magistrados Leonel Castillo González, Eloy Fuentes Cerda, José Alejandro Luna Ramos, Alfonsina Berta Navarro Hidalgo, José Fernando Ojesto Martínez Porcayo, José De Jesús Orozco Henríquez, y Mauro Miguel Reyes Zapata recibieron 52 millones 709 mil 186.02 pesos el 4 de noviembre de 2006.

Curiosamente, el *modus operandi* del gran "ciberfraude" con poco "ajuste manual" usado en el 2006, fue abandonado en las elecciones intermedias posteriores. Tal vez debido a la imposibilidad de usar un sistema diseñado para fraudes nacionales en elecciones estatales. Como se verá en el capítulo siguiente, en las elecciones intermedias del 2009, 2010, 2011 y 2017, la modernidad de Hildebrando se dejó de lado para volver a los fraudes "a la antigüita".

Las elecciones intermedias

Eruviel Avila Villegas, 2012

Luego del fraude gigantesco de 2006, la oposición trató de prevenir problemas futuros por medio de reformas a la ley electoral pero, como veremos en este capítulo, la férrea voluntad del mapache mexicano es inexorable. Después de un breve resumen de las reformas a la ley electoral que se dieron después de la elección de 2009, veremos los miles de "errores aritméticos" que fueron encontrados en la elección federal intermedia de 2009, el diluvio de tarjetas que se dio en las elecciones estatales de 2011, y la vuelta de lleno a los fraudes "a la antigüita" en el 2017.

Reformas

Aunque a través de todo el libro el IFE haya sido criticado de manera constante, hay que darle crédito por una serie de reformas que han venido a "medio tapar el hoyo después de muerto el niño"; desgraciadamente por la hendidura que aún queda se han colado elecciones enteras.

La reforma electoral del 2007 fue más ambiciosa que las anteriores[1] y estableció 53 atribuciones nuevas para mejorar la comunicación política transparentando el proceso de organización y difusión de los resultados de comicios futuros. Pero fue la de 2007-2008 la que realmente dio un salto cualitativo al aprobar el "voto-por-voto".

---

[1] La reforma electoral del 1996, por ejemplo, reforzó la autonomía e independencia del Instituto al desligar por completo al Poder Ejecutivo y al reservar el voto dentro de los órganos de dirección, exclusivamente a los consejeros ciudadanos.

Reforma 2007-2008

Aparte de establecer reglas nuevas para la formación de partidos y alianzas, acceso a radio y televisión, financiamiento, y campañas, la reforma 2007-2008 también modificó los procedimientos durante la jornada electoral [102]. Entre los cambios sobresale la posibilidad de votar sin credencial de elector y con resolución del Tribunal Electoral (TEPJF).

Asimismo, se estipula que el consejo distrital realice un nuevo escrutinio y cómputo cuando existan errores o inconsistencias evidentes en las actas, y cuando el número de votos nulos sea mayor a la diferencia entre los candidatos ubicados en el primero y segundo lugar en votación, o cuando todos los votos depositados sean a favor de un mismo partido. El recuento de voto-por-voto en la totalidad de las casillas se establece cuando la diferencia entre el primero y segundo lugar sea igual o menor a un punto porcentual, y cuando el representante del partido en el segundo lugar lo solicite al inicio de la sesión.

Un aspecto negativo de la reforma 2007-2008 es el rediseño de las actas de escrutinio y cómputo que excluyó la cantidad de boletas recibidas por el presidente de la casilla. Aunque la hoja de escrutinio propone un procedimiento que, si se siguiera al pie de la letra, determinaría esa cantidad, como se demostró en el 2009 su implementación no es tan sencilla como parece. Afortunadamente tal información se reinstituyó en 2014.

Aunque con las modificaciones se logró que, en la elección de diputados, el nivel de actas con error cayera del 62.4% en 2006 al 43.1% en 2009[2], estos resultados están aún muy distante del "cero errores" esperado por el IFE.

En reunión con el IFE en el 2007, Luis Mochán escuchó la opinión de que los "errores" encontrados en el estudio de la elección del 2006, habían sido "inducidos por la información redundante", en lugar de aceptar que en realidad habían sido detectados gracias a esa redundancia. Como lo demuestran los estudios de la siguiente sección, las modificaciones al acta de escrutinio y cómputo no tan sólo no aseguran la ausencia de errores, sino que eliminan un rubro fundamental que sirve para homologar resultados electorales del PREP con los de los cómputos distritales; su eliminación ciertamente no facilita el trabajo de auditoría pero sí hace más fácil la alteración intencional de las votaciones, ¿habrá sido eso lo que se buscó con ese cambio?

---

[2] Datos proporcionados por Jesús Ibarra Salazar, ver sección subsiguiente.

En años posteriores (2009 y 2011) se postularon "mini-reformas" electorales para impulsar, entre otros, el derecho de réplica en casos de difamación en campañas electorales, las consultas populares, candidaturas ciudadanas y la reelección de diputados y senadores. Todavía por venir, están temas relevantes como la revocación de mandato, la reelección de presidentes municipales, o la elusiva segunda vuelta en elecciones presidenciales.

En resumen, las reformas posteriores al 2006 trajeron consigo un avance en lo relativo a los recuentos de votos, pero no han resuelto el problema de errores o alteraciones dolosas. Como veremos enseguida, la posibilidad de fraude en las elecciones sigue omnipresente.

Las elecciones del 2009

Después de las elecciones del 2006 hubo elecciones federales en el 2009. El mejor auditor de esas elecciones fue el ingeniero Jesús Ibarra Salazar, quien, desde su *blog "Política Electoral"* [103], documentó los "errores" aritméticos.

Figura 39. Ing. Jesús Ibarra Salazar

El maestro indica de entrada que en el 2009 el Instituto Federal Electoral complicó la información de los resultados electorales para dificultar su análisis, especialmente en las referentes a las casillas especiales que requieren de dos actas de escrutinio y cómputo. El Ingeniero Ibarra aboga para que se homologuen los archivos del PREP y Cómputo Distrital, y que se restituyan los rubros eliminados en las actas.

En el PREP del 2009, Chuy encontró errores graves en el llenado de actas que, si se hubieran registrado correctamente como inconsistentes, habrían anulado la elección de diputados. En total, contando los casos en los que se excedió la lista nominal, casillas sin actas, registros ilegibles, sin datos, o con ceros o guiones, se llega a un total de 365,169 errores en un número de casillas que sobrepasa el 20% del total de casillas instaladas. Ante tales hallazgos, pregunta el maestro "¿se puede seguir sosteniendo qué los votos se cuentan bien?"

La responsabilidad de los cómputos distritales recae estrictamente en los consejos distritales y, en última instancia, en los integrantes del Consejo General del IFE. Por primera vez, como secuela de lo ocurrido en las elecciones de 2006, se obligó a los consejos distritales, por iniciativa de los representantes de partido o de los mismos consejeros, a la realización de recuento de voto-por-voto en casos en los que se presentara una diferencia pequeña en las votaciones de los partidos en primero y segundo lugares. Los recuentos, que podían ser parciales o totales, fueron 30,463 del primer tipo y 8,498 del segundo. El total de casillas sujetas a este procedimiento fue de 38,961 de un total de casi 140,000, es decir, 37% del total, cantidad que supera al máximo de 20% que exige la ley para declarar nula la elección de diputados. Aún con ese trabajo de limpieza, al final se pudieron encontrar 26 actas con más votos que ciudadanos en la lista nominal; error que debió ser detectado desde el PREP anterior.

Para tener una idea del fraude se puede cotejar las votaciones de los partidos, casilla por casilla, registradas en el PREP y en conteo distrital. Ambos conteos deben ser idénticos ya que proceden de una misma acta. En tales comparaciones, el ingeniero Ibarra encontró 3,436 casillas en las que la votación en el PREP excede la del conteo distrital, y 3,657 casillas en las que sucede lo contrario. El maestro anota que la cantidad total de estos errores sobrepasó la cantidad de casillas que fueron sujetas a recuento, lo cual indica que en uno u otro conteo hubo modificaciones del número de votos que no fueron detectados ni corregidos.

Otro tipo de error observado fue el del agregado de boletas sobrantes en el rubro de votos anulados, el maestro encontró 12,961 casillas con ese problema. Asimismo, el PREP registra 140 mil 605 casillas, mientras que en los cómputos distritales hay 139 mil 959; es decir, por alguna razón se tienen 646 casillas más en el PREP que en los cómputos, cuando debería ser al contrario pues no todas las casillas llegan a tiempo para ser capturadas en el PREP.

Como dato curioso, don Jesús calculó los promedios de votos recibidos por cada partido en el PREP y en el conteo distrital, encontrando variaciones inexplicadas. Del PREP al conteo distrital el PRI subió de 3.77 votos por casilla a 5.92, mientras que el PRD se redujo de 3.63 a 2.72; observación fantástica, ya que los porcentajes deberían ser prácticamente iguales, ¿qué acaso no corresponden a la misma elección?

Por último, y tal vez lo más preocupante, fue el hallazgo de 10,685 casillas en las que la suma de votos son exactamente iguales en el PREP y en el conteo distrital, pero con los votos recibidos por cada partido redistribuidos de forma distinta, es decir, con los votos transferidos de un partido a otro. La figura siguiente muestra un ejemplo del Estado de Guerrero, Distrito 3, Sección 819, casilla: Básica:

Figura 40. Diferencia entre votos registrados en el PREP y en el Conteo Distrital para una casilla en Guerrero

	PAN	PRI	PRD	PVEM	PT	CON	NA	PSD	PM	SM	CNR	NULOS	TOTAL
Cómputo Distrital	92			0	0	0	0	0	0	0	0	0	0
PREP		13	79	0	0	0	0	0	0	0	0	0	0

Es obvia la intención de tales cambios: robarse votos sin modificar el total para evitar detección. Este tipo de problemas se encontraron en casillas con errores que van desde 1 hasta 134 votos, con transferencia total de 21,846 votos.

El maestro termina su análisis preguntándose:

"¿Cómo entender este tipo de "errores"? Si no son de conteo ¿serán de captura? Pero, si son de captura, ¿cuál es la confiabilidad de los resultados electorales en su conjunto?"

Conociendo la opinión del maestro se puede entender lo retórico de sus preguntas, el maestro sabe bien a qué categoría asignar esos "errores". En realidad, sus estudios demuestran que no fue en el PREP en el que hubo modificación de cifras sino durante los cómputos distritales, y no en los distritos sino en los equipos centrales bajo la custodia y responsabilidad del IFE, si el método funcionó en 2006, ¿por qué no usarlo en 2009?

Se puede obtener más información acerca de los errores de otras elecciones en el *blog* del ingeniero Jesús Ibarra Salazar, *"Política Electoral"* [103].

Las elecciones del 2011

Aunque en el 2009 hubo "mapacheo" y fraude "a la antigüita", fue en el 2011 dónde se pudo ver el futuro. Del calendario electoral del 2011 (Guerrero 30/1; Baja California Sur 6/2; Hidalgo, Coahuila, Estado de México, Nayarit 3/7; Michoacán 13/11) destaca la elección de gobernador del Estado de México, en la que se probaría la maquinaria del fraude a usarse en el 2012.

La novedad de la época fue sin duda la introducción del uso de tarjetas monederas o de débito como incentivos electorales. En la elección de gobernador del Estado de México (EdoMex) en el 2011, entre noviembre de 2011 y junio de 2012, el equipo de campaña de Eruviel Ávila Villegas, quien resultara electo gobernador, distribuyó un millón 68 mil tarjetas, conocidas como *La efectiva*, para que votantes tuvieran acceso a programas sociales existentes en EdoMex. Prometiendo acceso gratuito a dos (¿porqué tan sólo a dos?) de los varios programas sociales que ofrecería su gestión como gobernador, el candidato usó las tarjetas para incentivar el voto a su favor.

El hecho de condicionar el acceso a servicios públicos a tan sólo aquellos que aceptaran el juego de recibir la tarjeta y votar por el PRI es un delito federal. La fiscalía especializada para la atención de delitos electorales (FEPADE), dependiente de la Procuraduría General de la República y encargada de la procuración de justicia en cuanto a delitos electorales federales, indica que es ilegal, entre otros,

"solicitar votos por paga u otra recompensa ... que un servidor público condicione los beneficios de los programas sociales bajo su responsabilidad

a que el ciudadano vote por un partido político o candidato determinado (compra y coacción del voto) ... que un servidor público condicione un servicio público o la realización de obras públicas a la emisión del sufragio en favor de determinado candidato o partido ... que un servidor público disponga de bienes, fondos o servicios para apoyar a algún candidato o partido político".

Sin duda que al ofrecer "La efectiva" publicamente Eruviel Ávila Villegas es culpable confeso. ¿Y la FEPADE? Bien de salud, gracias.

En su momento los únicos señalamientos contra la *tarjetiza* fueron los de Andrés Manuel López Obrador quien destacó el uso de la tarjeta como ardid electoral ilegal, la respuesta del dirigente estatal del PRI fue un simple (parafraseando): "¿pa' qué se hacen si ya sabían?" [104].

Figura 41. El equipo de campaña de Eruviel Ávila Villegas distribuyó 1,068,000 tarjetas en el Estado de México para promover el voto a su favor en la elección estatal de 2011 en violación flagrante de las leyes electorales

Con la lluvia de tarjetas y acusaciones del PAN y del PRD de gastos de campaña excedidos en más del 100%, Eruviel Ávila se convirtió en gobernador más votado del Estado de México con un increíble 62% de los votos totales y superando a su antecesor, Enrique Peña Nieto, por más de 1.2 millones de votos. Como triste epílogo de este hecho —y debido a la falta de reacción del IFE— el uso de las tarjetas se generalizó entre todos los partidos en las elecciones estatales; a *La efectiva* le siguió *La cumplidora* de Coahuila, *La Ángel* en Guerrero, *La Nayarita* y varias más, innecesario aclarar que en todos los estados *tarjeteros* ganó el PRI por margen amplio.

Al empezar la gestión de Ávila, sin embargo, su programa de *La efectiva* no pudo entrar en acción debido a que el PAN logró que su implementación se pospusiera hasta después de la elección presidencial del 2012. Con este hecho, curiosamente, el PAN demostraba tener interés en proteger los comicios federales del 2012, pero nunca le preocuparon los estatales de EdoMex del 2011, en los que no tenía posibilidad de triunfo. *La efectiva* fue finalmente activada en agosto de 2012 en un festejo a adultos mayores donde, después del anuncio oficial, el gobernador celebró bailando un danzón.

Aunque ninguna de las elecciones intermedias del 2011 ha sido analizada a profundidad, si hubo un gran avance en lo que se refiere a la detección de fraudes. Animados (supongo) por los logros de los estudios del PREP y Conteo Distrital del 2006 y por las recomendaciones del primer libro [1] (ojalá), el PRD del Estado de México se dio a la tarea de crear un sistema computacional independiente del Instituto Estatal Electoral para la captura de datos casilla-por-casilla para la elección del 3 de julio de 2011.

Con estructura similar a la del PREP, el PRD entrenó a miles de elementos del partido para recoger la información de cada casilla al cierre de la elección, y transmitirla por teléfono e internet a una central; la mayoría de los participantes fueron los mismos representantes de casilla. Una vez transmitida, la información recibida se acumuló en bases de datos donde se *realizaron* una serie de pruebas de manera automática, por ejemplo, votos totales + boletas sobrantes = boletas iniciales, etcétera. Desgraciadamente el partido no hizo pública la existencia del programa, ni un resumen de los análisis realizados, ni una comparación con los resultados oficiales. Como veremos en el capítulo siguiente, este primer esfuerzo fue replicado con éxito por varios grupos ciudadanos en el 2012.

"La práctica hace al maistro", dicta el refrán, y la experiencia adquirida en las elecciones intermedias sirvió para que en el 2012 el PRI regresara en mejor forma que nunca.

Las elecciones del 2017

Las elecciones estatales del 2017 no fueron la excepción respecto a irregularidades. Las elecciones de Veracruz y Nayarit no reportaron "nada nuevo" (en Veracruz se tomaron varios consejos municipales, quemaron un consejo electoral, hubo quema de paquetes electorales en otros consejos, violencia postelectoral, irregularidades en el PREP, y 900 denuncias más de otros delitos electorales). Pero sí conviene revisar las elecciones de Coahuila y, sobre todo, la del Estado de México, que sirve como veleta indicadora de los vientos que vendrán en el 2018.

La elección en Coahuila

Los contendientes principales a la gubernatura del estado de Coahuila fueron Guillermo Anaya del PAN y Miguel Ángel Riquelme de la coalición formada por el PRI, el Partido Verde Ecologista (PVE) y Nueva Alianza (NA). En la madrugada del lunes siguiente a la elección el conteo rápido del Instituto Electoral de Coahuila (IEC) daba como ganador al panista Anaya con una ventaja de 2% sobre el priista Riquelme. Pero a las 4 de la mañana el PREP entró en coma, volviendo en sí a las 7 A.M. ahora con una ventaja del 2% a favor de Riquelme y en contraposición directa al conteo rápido del mismo Instituto. El errático PREP volvió a entrar en coma a las 4 de la tarde habiendo procesado 71.91% de los votos y con el candidato priista aún a la cabeza, momentos más tarde saltó del 85% al 100% dándole el triunfo al PRI. En conferencia de prensa y por declaración en twitter Anaya acusó al IEC de ocultar entre 500 mil y 700 mil votos. Al final el triunfo fue otorgado al PRI por 482,891 votos contra 452,031 del PAN.

**Figura 42. Mensaje del candidato del PAN
a la gubernatura del Estado de Coahuila,
Guillermo Anaya, al conocer el comportamiento
errático del PREP**

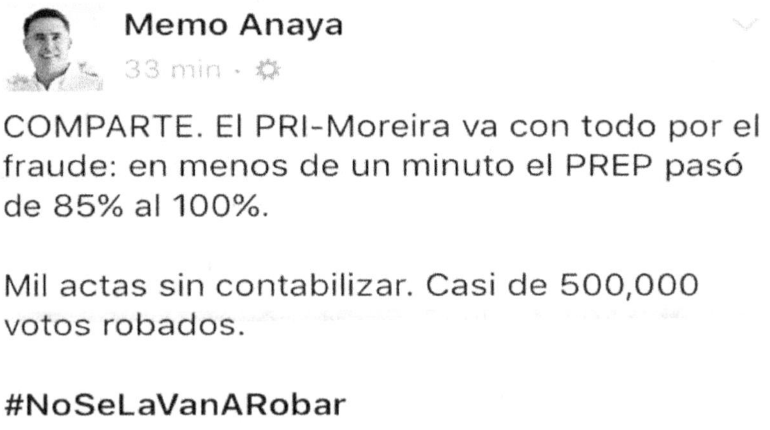

Memo Anaya
33 min · ⚙

COMPARTE. El PRI-Moreira va con todo por el fraude: en menos de un minuto el PREP pasó de 85% al 100%.

Mil actas sin contabilizar. Casi de 500,000 votos robados.

#NoSeLaVanARobar

El entretenido comportamiento semi-aleatorio del PREP estuvo acompañado por robo de urnas (algunas robadas por elementos del ejército), siembra de votos en urnas, amenazas, cohecho y otras actividades "normales", pero la cereza del pastel fue un espectáculo que pareció sacado de la película "El Infierno" de Luis Estrada. El candidato a una diputación local por el Partido Joven, exgobernador de Coahuila y expresidente del PRI nacional, Humberto Moreira, culpó al gobernador en funciones, su hermano Rubén Moreira, de intervenir en favor del PRI para robarle la diputación:

"111 votos en Acuña, cuando hicieron una encuesta, iba en primer lugar, pero de a madre. Y el PRI, cinco mil y feria, cuando iba en tercer lugar. Es lo más burdo que he visto en mi vida, son unos hijos de la chingada. Hagamos una gran concentración, pero organicémonos todos los que fuimos asaltados por el puto tirano del gobernador y su bola de secuaces." [105]

Cabe recordar que Humberto Moreira ocupó en el 2013 el honroso séptimo lugar en la lista de Forbes de los 10 políticos más corruptos de México. [106]

La elección en el Estado de México

De los seis candidatos al gobierno del Estado de México, la lucha se dio entre Alfredo del Mazo por la coalición del PRI, PVE, NA y el Partido Encuentro Social y Delfina Gómez del partido Movimiento Regeneración Nacional (MORENA). Al final de una jornada electoral altamente irregular, el triunfo fue dado a Alfredo del Mazo con 2,040,709 votos (33.56%) contra 1,871,542 (30.78%) de Delfina Gómez.

Desde antes de la elección hubo denuncias por parte de MORENA ante el Instituto Nacional Electoral (INE) por el rebase del tope de gastos de campaña del PRI de 126.6 millones de pesos, 44% por encima del límite de 285.5 millones de pesos.

Una vez más cobró vida el fraude electoral por medio de tarjetas monederas, esta vez con un giro inesperado. Tal vez para evitar sanciones por violación al código electoral, la "Tarjeta Salario Rosa" —a diferencia del 2011— no era una tarjeta de crédito sino de débito, pero sin fondos; de ganar del Mazo, éste agregaría dinero a las tarjetas después de la elección. Para recibir la tarjeta, sin embargo, era menester entregar copia de la credencial de elector y comprobante de domicilio, presumiblemente para ser agregados al padrón del PRI.

Días antes de las elecciones se dieron acciones intimidantes contra votantes de Tlalnepantla, Tecámac, y Cuautitlán Izcalli cuando varias cabezas de cerdos aparecieron acompañados de cruces y de una lista con los nombres y domicilios de los vecinos.

Otra intimidación más se dio a horas del inicio de la votación contra policías adscritos a los Cuerpos de Seguridad Auxiliar y Urbana del Estado de México para obligarlos a votar por Alfredo del Mazo y forzarlos a llevar a cinco personas más bajo amenaza de despido. Denuncias grabadas indicaron que los policías tenían que votar por el PRI, tomar foto del voto con el teléfono, y entregarlas por medio de Whatsapp. Otra denuncia indicó que los más de 800 elementos habían recibido instrucciones para concentrarse en el cuartel de Santa Rosa "para ir a votar en casillas especiales". Otro grupo de más de 600 elementos fue ordenado ir al cuartel, a La Loma en Tlalnepantla, para de ahí ir a votar a casillas que no les correspondían.

Los incidentes no se hicieron esperar, denuncias posteriores grabadas en YouTube indican que las casillas especiales agotaron las 750 boletas electorales para la 1:00 de la tarde. En otras casillas se impidió el paso a votantes, hubo cancelación de boletas, grupos armados amenazaron votantes, se reportaron acarreos (en algunos casos de maestros), se denunció que electores estaban tomando fotos de las boletas para ir por su pago afuera de la casilla y muchos más.

El Instituto Electoral del Estado de México (IEEM) incurrió en una serie de errores como, por ejemplo, anunciar el triunfo de del Mazo usando resultados del 75% de las casillas. Acción Nacional denunció que 40 funcionarios de casilla habían sido sustituidos al último minuto. MORENA indicó que al presentar resultados el PREP seleccionó aquellas casillas que favorecían a del Mazo para que éste apareciera con una ventaja del 2 por ciento. Gabriel Corona, consejero del mismo IEEM, declaró en entrevista que la compra y coacción del voto fue recurrente y que, desde su punto de vista, la gente no había votado en libertad.

La denuncia más directa provino de Sergio Saldaña Zorrilla, Doctor en Economía por la Universidad de Viena en Austria y exfuncionario de la Comisión Económica para América Latina y el Caribe de la Organización de Naciones Unidas, quien analizó los datos presentados por el PREP. Saldaña encontró errores de conteo en los datos del PREP que de manera consistente agregaban miles de votos al candidato del PRI en cada uno de los 45 distritos electorales del estado. En vídeo distribuido por los medios noticiosos y redes sociales, Saldaña mostraba con lujo de detalles las inconsistencias del PREP consigo mismo. En resumen (ver figura) el PREP daba al PRI una ventaja del 33.72% sobre Morena que tenía el 30.81%, sin embargo, usando los mismos datos y sumando votos de los 45 distritos electorales de la entidad, el PRI en realidad tenía 1,714,202 votos, equivalentes a un 30.86%, mientras que MORENA lo aventajaba con 1,786,962 votos o 32.17% [107]. Denuncias similares del sitio sinembargo. mx mostraron ejemplos de casos en los que la información del PREP no correspondía a la de las actas de casilla [108].

Figura 43. Resultados reales del PREP calculados por el Dr. Sergio Saldaña Zorrilla [107]

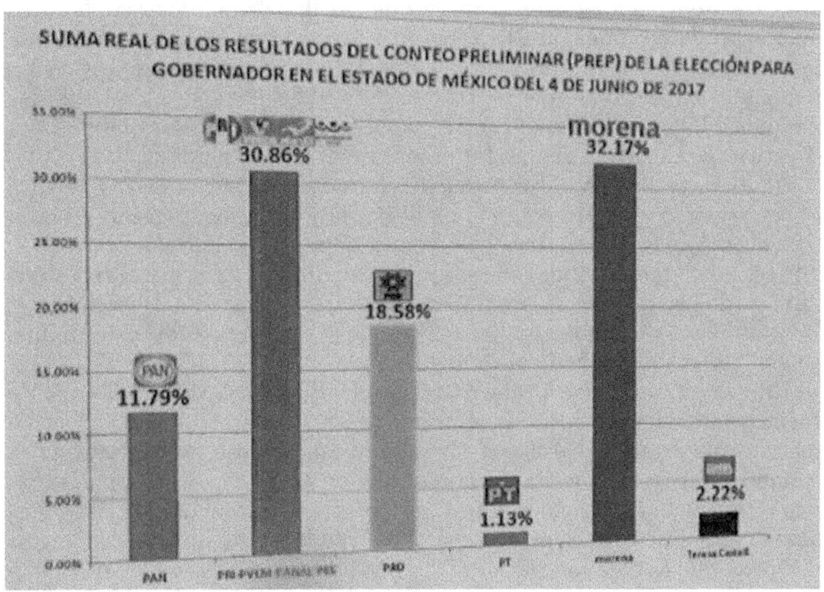

Pero de nuevo fue el ingeniero Ibarra Salazar quien, en su blog [103], presentó evidencia innegable de los múltiples "errores" ocurridos en el conteo de los votos. De entrada el PREP y el Cómputo Distrital no aparecen con la misma cantidad de votos, ni entre ellos ni comparado con el número de ciudadanos que votaron. Revisando tan sólo 1,057 casillas de las 18,605 instaladas, Ibarra encuentra que el cómputo distrital muestra un exceso de 20 mil 151 votos, y en 1,247 casillas el PREP tiene 25 mil 196 votos de más; tomando esos valores como promedios, en las 18 mil y pico de casillas el total de errores debería de ser del orden de más de 350 mil votos en el cómputo distrital (¡¿?!).

Haciendo análisis por partido Jesús encuentra los mismos errores afectando a todos los partidos y, en conclusión, el ingeniero vuelve a sus años de profesor y reprueba a todos los que participaron en el simulacro de elección. Reprueba a los funcionarios de casilla por no haber cuidado los rubros fundamentales, al PREP por no haber incorporado correctamente los votos a su base de datos, a los distritos por no haber advertido las anomalías en los recuentos, al Consejo Estatal del IEEM por no detectar las irregularidades, a los partidos por haber dejado de lado sus obligaciones constitucionales para demandar el respeto al voto ciudadano.

Al final el Tribunal Electoral del Estado de México (TEEM) reportó haber recibido un total de 130 juicios de inconformidad remitidos por el IEEM acerca de los resultados, incluyendo 45 impugnaciones de MORENA. Por supuesto que ninguno de esos juicios tuvo impacto sobre el resultado anunciado por el IEEM; curiosamente el TEEM sí sancionó a MORENA con 377,450 pesos por haber realizado eventos promotores a favor de Delfina Gómez antes del inicio de la campaña.

En comparación con la del 2011, la elección del 2017 del Estado de México mostró una falta de creatividad en lo que a la innovación de métodos de fraude se refiere. Gastos excesivos antes y durante de la campaña, intimidación de votantes, uso de tarjetas, acarreos, robo de urnas y boletas, pago por foto, manipulación burda del PREP, oídos sordos del IEEM y TEEM no son métodos fraudulentos nuevos. De seguir así las cosas, la elección nacional del 2018 será una sosa repetición de la del 2012 que, como veremos en el capítulo siguiente, de aburrida no tuvo nada.

La elección del 2012

Fue un proceso transparente, abierto, de certeza
para los mexicanos, las denuncias de fraude no caben
en el nuevo clima democrático que méxico tiene.
ENRIQUE PEÑA NIETO
8 de julio de 2012

En entrevista con el autor días antes de la elección de 2012 y hablando acerca de un posible fraude cibernético, preguntaba el periodista Brian Edwards-Tieker de Radio Pacífica en Berkeley, California,

"Aquí hay algo que de entrada no tiene sentido, el gobierno federal es controlado por el PAN, *partido conservador que rompió el control del* PRI *en el 2000, el candidato que va adelante en las encuestas —el mismo que parecería ser favorecido por el fraude cibernético— es del partido que sacaron del poder, el* PRI. *Si el* PAN *controla el gobierno, ¿por qué estarían cargando los votos para ayudar a alguien de otro partido?" [7].*

Pregunta válida, no tan sólo para un observador estadunidense acostumbrado a un sistema de dos partidos, sino para todos los que desconocen la estructura del poder en México.

Esta misma duda quedó sin respuesta en el segundo libro [2] que se terminó de escribir en marzo de 2012. Si el fraude cibernético no iba a ser a favor del PRI, ¿iría a ocurrir un duelo de fraudes en la elección que se avecinaba, uno "tradicional" a favor del PRI contra otro "cibernético" a favor del PAN? Sin tener elementos para resolver la incógnita, el libro llegó a la nebulosa conclusión que "el fraude se dará, de ser necesario, en caso de que algún candidato no alineado tenga posibilidades de llegar a la presidencia".

Lo que aclaró la situación, de forma sorprendente, llegó en junio de 2012 de boca del ex presidente Vicente Fox quien, con su sutileza acostumbrada, un mes antes de la elección explicó públicamente que sería "un error votar por Josefina Vázquez Mota", "inútil asistir a los mítines de Josefina", y pidió respaldar al "virtual ganador" Peña Nieto. Así, con su diplomacia campirana, el de las botas y sombrero vaquero dejó en claro que el aparato político no pertenece a un partido sino al contrario, el PRI y el PAN son instrumentos del *apparatchik*. Con esto en mente, no había duda de que el fraude cibernético se sumaría vectorialmente al clásico para impulsar al candidato que había sido seleccionado por el grupo político más poderoso de México y respaldado por la compañía televisiva más grande de América Latina.

**Figura 44. Caricatura de El Fisgón
"Como digo una cosa, digo la otra"**

Para darse cuenta del fraude nada más basta rascar la superficie, en este capítulo se enumeran los fraudes cometidos antes, durante y después de la elección, así como su detección por medio de estudios científicos y conteos ciudadanos. Lectores interesados en más detalles de los estudios aquí delineados pueden consultar el compendio *Estudios científicos del fraude electoral del 2012* editado por el autor y Hahnemann Ortiz [109].

La campaña y sus fraudes

La campaña electoral del 2012 empezó, aunque no oficialmente, desde años atrás. Luego del fraude de 2006, el ataque contra López Obrador se extendió hacia el PRD logrando dividir al partido y arrebatarle —con la ayuda de las autoridades electorales— la presidencia del partido a Alejandro Encinas, del grupo obradorista, entregándosela a Jesús Ortega, quien luego se alineara con el prianato.

Ante la evidente corrupción del PRD, el ex candidato se enfocó a formar una fuerza electoral independiente recorriendo el país entero al tiempo que montaba oposición a varias causas neoliberales del ya presidente Calderón. El *Movimiento Regeneración Nacional* (MORENA) fue fundado en 2010 como asociación civil, ya que debido a un decreto de último minuto del IFE éste no podía constituirse legalmente como partido sino hasta años después. Su formación sirvió, de hecho, como gran campaña electoral de varios años a favor de AMLO; al final las facciones obradoristas del PRD lograron nominar a López Obrador como candidato a la presidencia para la elección del 2012 formando la coalición Movimiento Progresista junto con el Partido del Trabajo y el partido Movimiento Ciudadano, antes llamado Convergencia

El candidato del PRI, Enrique Peña Nieto (EPN), inició su campaña *de facto* durante su gestión como gobernador del Estado de México [110]. Para reponerse en los *ratings* por no haberse acordado del motivo de la muerte de su esposa en una entrevista televisiva, en abril de 2008 la empresa ByPower organizó un "flechazo" entre la actriz Angélica Rivera y el gobernador, pero al enterarse Televisa usó el "contrato de exclusividad" que tenía con Rivera y entró al juego. Al final el arreglo consistió en un *Reality Show* con noviazgo, anulación de la boda de Rivera por el inmaculado Vaticano, boda real en vivo, y campaña presidencial posterior a las nupcias. Afortunadamente eso no mermó los fondos del Estado de México pues, de acuerdo a una fuente del gobierno del Estado de México se supo que "... el gobierno no paga los honorarios de Angélica, eso ya está cubierto dentro de la pauta que tenemos con Televisa". De nuevo, aunque por motivos muy distintos a los del candidato del PRD, la exposición televisiva desmesurada de Peña Nieto fue una larga campaña que duró de 2008 al 2012; al final fue nominado por la coalición Compromiso por México formada por el Partido Revolucionario Institucional y el partido de la familia González, el Verde Ecologista.

Por el lado del Partido Acción Nacional, debido tal vez a la muerte (¿asesinato?) de dos secretarios de estado durante el sexenio más violento desde la revolución mexicana, no hubo un candidato fuerte que sucediera a uno de los presidentes menos populares que ha habido en México en la historia reciente. La seleccionada terminó siendo Josefina Vázquez Mota, quien fuera Secretaria de Educación en la primera mitad del sexenio de Calderón. Para su infortunio, Vázquez Mota no tuvo la misma exposición pública de los otros candidatos, ni el apoyo completo de su partido, ni del presidente quien le "ayudó" —según Manuel Espino, ex-dirigente del PAN [111]— organizándole un comité de campaña con "reconocidos perdedores, personajes carentes de experiencia exitosa en campañas y que repetidamente han mostrado su incapacidad de operar electoralmente".

El cuarto candidato en la contienda del 2012 fue un perfecto desconocido que representó al partido de la operadora política Elba Ester Gordillo, Partido Nueva Alianza (PANAL). Gabriel Quadri de la Torre entró "al quite" una vez que el PANAL fue eliminado de la coalición del PRI supuestamente "para mantener los equilibrios internos" (¡¿qué significará eso?!), aunque en realidad fue "un pleito en forma donde hubo gritos, insultos y amenazas" [112] para sacar a la maestra Gordillo del juego y evitarle desgaste político a EPN. Al final Quadri se convirtió en celebridad internacional al haber sido hipnotizado por los glúteos de la edecán, la *playmate* Julia Orayen, durante primer debate presidencial.

**Figura 45. Programa televisivo The Colbert Report
explicando que las elecciones en México
son menos aburridas que en los EEUU [113]**

La carta a Santoclos

El apoyo en medios hacia EPN, por medio de encuestas y entrevistas, así
como la experiencia en EdoMex del uso de sobornos oficiales (como *La
efectiva*) motivó a que en febrero del 2012 el pre-candidato López Obrador
presentara propuestas al Consejo General del IFE para garantizar
la equidad de la elección. En resumen, AMLO pedía la creación de una
comisión de consejeros electorales para monitorear los noticieros, lograr
mejor trato entre candidatos, impedir la compra indebida de espacios
informativos por parte de terceros o de propaganda gubernamental
disfrazada, y detener la compra de votos. Por otro lado, también buscó
la implementación de auditorías de los recursos de los partidos políticos
y programas sociales gubernamentales para impedir la distribución de

bienes y servicios durante las campañas, lograr la verificación de los recursos de los partidos, y vigilar el endeudamiento de los gobiernos estatales en temporada electoral.

Como carta de niño pobre a Santa Claus, la petición del Movimiento Progresista fue ignorada por el Consejo General del IFE, el cual tan sólo contestó con generalidades pero sin tomar ninguna acción de fondo mientras daba banderazo de salida a la campaña electoral del 2012.

¡Qué padre te quedó el padrón!

En preparación a lo que se venía, el IFE tomó la precaución de modificar el número y distribución de casillas electorales en el país. Al final, el país seguía dividido en cinco circunscripciones electorales con 300 distritos electorales, que a su vez estaban fragmentados en secciones electorales cada una con un número de votantes entre 50 y 1,500, aunque algunas secciones tuvieron muchos más.

Figura 46- Anuncio oficial del IFE de los cambios del padrón el 28 de mayo de 2012

Cada sección electoral contuvo al menos una casilla (la casilla básica) pero también pudo tener casillas contiguas si hubiera sido necesario. Cada casilla debió tener a lo más 750 electores, más los funcionarios y representantes de partidos. El total de secciones en 2012 fue de 66,740 y el total de casillas de 143,190 de las que se instalaron 142,894. En algunas secciones también hubo 6,109 casillas extraordinarias con 2,761,489 votantes y 950 casillas especiales de las que se instalaron 902 —sin padrón— para votantes fuera de su ciudad de residencia.

El padrón electoral fue de 84,469,354 ciudadanos de los cuales 79,455,333 estuvieron en el listado nominal y pudieron votar. De esos votantes, 53,290,789 (67%) estaban en zonas urbanas y 26,164,544 (33%) en rurales; el total de casillas (143,190) fueron clasificadas por el IFE como urbanas (91,644, 64%) y no-urbanas (51,546, 36%).

Aparte de las federales, también hubo elecciones estatales en Campeche, Colima, Chiapas, Distrito Federal, Guanajuato, Guerrero, Jalisco, Estado de México, Michoacán (extraordinaria), Morelos, Nuevo León, Querétaro, San Luis Potosí, Sonora, Tabasco y Yucatán. El número de cargos de elección popular en disputa fueron 2,127.

Víctor Romero Rochín estudió los cambios implementados por el IFE [114,115] y puso en claro el motivo de los mismos.

Figura 47. Comparación entre el número de casillas y votantes del 2006 y 2012, y población en el 2000 y 2010

		2006	2012	Diferencia
IFE	Número de casillas	131,000	143,000	12,000
	% Casillas urbanas	70%	64%	-6%
	% Casillas no-urbanas	30%	36%	+6%
	Número de votantes	71 M	79 M	8 M
	Votantes urbanos	52 M	53M	1 M
	Votantes no-urbanos	19 M	26 M	7 M
INEGI		2000	2010	Diferencia
	Población	97 M	112 M	15 M
	% Población urbana	75%	78%	+3%
	% Población rural	25%	22%	-3%

Basándose en datos del IFE, Romero (ver figura) encontró que, en números redondos, de 2006 a 2012 el número de casillas había aumentado de 131,000 a 143,000, pero el aumento había sido principalmente en zonas rurales; el incremento había sido de 1,500 urbanas y 10,500 rural. De igual manera, el número de votantes había crecido en 8 millones de votantes: 1 millón urbanos y 7 millones no urbanos.

Comparando estos cuentos, perdón, cuentas, con datos del Instituto Nacional de Estadística y Geografía (INEGI), se ve que los cambios del IFE no corresponden a cambios reales de población; ya en el censo de 2010 el INEGI había dictaminado que de 2000 a 2010 la población urbana del país había aumentado en 3% y la rural disminuido —3 por ciento.

La duda que salta de manera inmediata es ¿por qué el IFE dice que de 2006 a 2012 los porcentajes de votantes urbanos estuvieron estáticos y los rurales se dispararon, mientras que los datos de población del INEGI afirman lo opuesto?

La opinión dada por los investigadores antes de la elección [114,115] fue tildada de especulación por algunos pero, como veremos luego, los resultados de la elección demostraron que estaba correcta. Si el IFE estaba fraguando un fraude a favor del PRI, era de esperarse que éste se diera por la parte rural. Como en 2006 el PRI tuvo más apoyo en las áreas rurales, era claro que si se instalaban más casillas en esas áreas sería más fácil que la gente votara, se redujera el abstencionismo, y hubiera más votos para el PRI. Por el contrario, limitando el número de casillas urbanas al tiempo que aumentaba la población en ciudades, resultaría en un número mayor de votantes por casilla, se incrementarían las líneas y el tiempo de espera para votar, promoviendo así el abstencionismo, factores todos que afectan más al PRD y PAN que al PRI; como veremos más adelante, el voto rural se disparó con crecimientos superiores al 200% en Chiapas, Nuevo León y otros estados.

¿Cuántos votaron?

Los datos de Romero dieron lugar al siguiente escrito chusco que apareció el 7 de agosto del 2012 en la revista electrónica *Colloqui* que entró en funciones a escasas semanas antes de la elección.

Le preguntaba un chavo del #Yosoy132, estudiante de física, a un politóloco defensor de la oficialidad:

— A ver dime, ¿cuánta gente puede votar y cuántos lo hicieron?

— La respuesta a la primera pregunta es fácil: pueden votar todos aquellos que se empadronaron a tiempo para la elección, y ese número nos lo da la Lista Nominal del IFE: en 2012, la Lista Nominal contenía 79.5 millones de votantes.

— Oye, pero todos los que votan deben ser mayores de 18 años, y el INEGI nos dice que la población de adultos en el 2012 es de 75.5 millones, ¿a poco hay más votantes que adultos?

— No, claro que no. El IFE explica la diferencia indicando que la Lista Nominal incluye a personas que han emigrado fuera del país y porque no todos los fallecimientos son reportados.

— ¿Mmmm... cuatro millones de muertos y emigrados?

— Sí, de acuerdo al INEGI hay 1.5 millones de mexicanos radicados en el extranjero y se muere como medio millón al año.

— Bueno, podría ser, pero ¿y el millón de chavos que se hace adulto al año no cuenta?

— Mira, mejor vamos a la siguiente pregunta. ¿Cuántos votaron?

—'Pérate, obviamente si están muertos o emigrados, ese exceso de 4 millones no vota, ¿o sí?

— Algunos votan desde el extranjero.

— Sí, pero el voto del extranjero fue de menos de 50,000. Está claro que esas 4 millones de personas no votaron, ¿verdad?

— Mira, deja eso. Volvamos a la pregunta. El IFE reportó 50.3 millones de votantes equivalente al 63.3% del total.

— 'Pera, ¿de cuál total, del con muertos migrantes o sin muertos que migran?

— Pues del oficial, claro, del de 79.5 millones, claro.

— Entonces los muertos votaron, o si no ¿por qué los cuentas?

— Ah cómo das lata! ¿Por qué insistes en eso, cuál es la diferencia si usas un total o el otro?

— Por qué con uno da un 63.3% de participación ciudadana y con el otro sube a más de 70 por ciento.

— ¿70%, de dónde sacas ese porcentaje? No, claro que no, 70% sería un record histórico en México.

— Pues mira, si el INEGI nos dice que hay 75.5 millones de adultos y que el 95% está empadronado, entonces podrían votar 71.7 millones, y como votaron 50.3 millones eso corresponde al 70.1 por ciento. Los mexicanos somos buenos ciudadanos, ¿no?

— Bueno sí, si te gusta ver las cosas de esa manera, así lo dejamos – con tal de que seas feliz.

— Pues el que deberías estar feliz deberías ser tú, acabas de descubrir que México tiene uno de los porcentajes más altos de votación del mundo. Cosa que deberías de saber, ¿qué no eres politóloco?

— Bien, me tengo que ir. Qué bueno que te resolví tus dudas.

— No, 'pérate. Ahora explícame porqué subió tanto el porcentaje de votación del 2006 al 2012.

— ¿Cuál tanto? Subió del 58.55% al 63.3%, eso no es mucho. Con Fox votó el 64 por ciento.

— ¿'Pos no te acabo de explicar que sobrepasó al 70%? Ya te dije cómo calcular esos porcentajes, va de nuevo a ver si aprendes: en el 2006 había 66.5 millones de adultos en el país y el 95% estaba empadronado, es decir 63.2 millones, si votaron 41.7 millones entonces votó el 66 por ciento. ¿Cómo que el 70.1% en el 2012 se empieza a ver menos creíble, no?

— Pues no le veo nada de malo, ¿tú sí?

— Pues yo sí, 50.3 millones de votos es un poco exagerado. Mira, en el 2000 votaron 37.6 millones, en el 2006 aumentó a 41.8 millones, es decir aumentó en casi 4.2 millones. Si me dices que en el 2012 votaron 50.3, me estás diciendo que aumentó en 8.5 millones de votantes, casi el doble que el aumento anterior ¿no se te hace mucho?

— No, eso está de acuerdo con las cifras del IFE, la Lista Nominal subió de 71.3 millones de votantes en el 2006 a 79.5 millones en el 2012, de ahí vienen tu 8 millones extras.

— Eso si le crees al IFE, como yo no le creo me voy con el INEGI: 63.2 millones empadronados en el 2006 de los cuales 41.7 millones votaron, y 71.7 millones empadronados en el 2012 de los cuales no creo que hayan votado el 70.1%

— Entonces según tú ¿cuántos votaron?

— Pa' mí que el porcentaje de votación debió andar igual que el 2000 y 2006, en un sesenta y tantos por ciento. Si suponemos que el porcentaje fue igual que en el 2006, 66%, la cantidad de votos debió haber sido 47.3 millones, un aumento de unos 5 millones más que en el 2006 – lo cual sí es creíble, no?

— Y entonces ¿los otros 3 millones de votos que reporta el IFE, de dónde vienen?

— Eso es lo que quiero que me expliques, ¿qué no es eso lo que estudias tú? La verdad es que yo no creo en tus cuentas.

— Sí, se nota, pero sí crees en los cuentos del IFE. Esos tres millonsucos, o son los comprados con las tarjetas de Soriana, monederos Monex, y con todo eso, o fueron inventados en las computadoras del IFE. Según tú . . .

— ¡Ah, estos doctores en ciencias políticas!, tan lejos de la ciencia y tan cerca de la política.

Entrevistas pagadas

La campaña y pre-campaña estuvo inundada de supuestas "entrevistas" y "comentarios" que debieron haber resultado en gastos millonarios. Entre los varios ejemplos que lograron ser cuantificados sobresale el caso de López Dóriga, el gran manipulador de Televisa, quien por medio de Astron Publicidad, S.A. el 10 de enero de 2012 aceptó un pago del gobierno (del Estado de México) por 1,150,000 pesos por concepto de "Comentarios de Joaquín López Dóriga transmitidos dentro de su noticiero 'López Dóriga' y en noticiero de Oscar Mario Beteta".

Otros casos similares ocurrieron con Radio Fórmula que (por un estimado de 22 millones de pesos) promovió a EPN por radio, televisión y cablevisión al igual que la Organización Editorial Mexicana y la revista "*Quién*" los cuales lo hicieron de manera impresa [116].

Un segundo caso, aún más escandaloso, fue documentado por Jo Tuckman [117] del periódico *The Guardian* quien descubrió que Televisa había creado una unidad secreta, "el equipo Handcock", encargada de crear videos promocionales a favor de EPN y contra sus rivales y distribuirlos por correo electrónico, *Facebook* y *Youtube*.

Figura 48. Artículo de The Guardian haciendo pública la compra de cobertura de EPN a Televisa.

theguardian

News Media Televisa

Escándalo en los medios de comunicación mexicanos: una unidad secreta de Televisa promocionó al candidato del PRI

Según unos documentos vistos por the Guardian, la cadena de medios encargó videos para desacreditar a los rivales del candidato que es ahora el favorito para ganar la carrera por la Presidencia del domingo

Jo Tuckman en Ciudad de México
guardian.co.uk, Tuesday 26 June 2012 17.03 EDT

Aún otro caso más fue el enredo entre EPN y *Frontera Television Networks* que transmite en EEUU por Ve Más TV, KZSW TV e Intelimedia S.A. de C.V. De acuerdo a la demanda por fraude interpuesta en California por la televisora, el equipo de Peña Nieto (operando primero por medio de Jiramos S.A. de C.V. y GM Global Media S.A. de C.V., y luego a través de la sociedad civil "Servicios Integrales al Sector Agropecuario") contrató a la televisora por 56 millones de dólares y luego por 15 millones más para difundir la imagen de EPN en la Unión Americana. Sin embargo, después de varias maniobras dilatorias entre noviembre de 2011 y mayo de 2012, el pago nunca se concretó; al no deshacerse los contratos se sospechó que todo había sido una argucia para triangular fondos hacia la campaña de Peña Nieto. La televisora literalmente se quedó "sin Juan y sin las gallinas" al no recibir ni pago ni devolución de los contratos firmados.

Una variante de la publicidad ilegal fue la "campaña rosa", plan subliminal en revistas del corazón con artículos dedicados a Angélica Rivera de Peña. Entre las decenas de casos sobresalen los reportajes en *¡Hola!* y *TVNotas*. Basados en tarifa comercial, estás inserciones pagadas debieron tener un precio de millones de pesos, mismo que nunca fue reportado como gasto de campaña.

Volviendo a ese libro viejo que ya casi nadie lee, en su Artículo 41 apartado III G nos dice:

> Los partidos políticos en ningún momento podrán contratar o adquirir, por si o por terceras personas, tiempos en cualquier modalidad de radio y televisión. Ninguna otra persona física o moral, sea a título propio o por cuenta de terceros, podrá contratar propaganda en radio y televisión dirigida a influir en las preferencias electorales de los ciudadanos, ni a favor o en contra de partidos políticos o de candidatos a cargos de elección popular. Queda prohibida la transmisión en territorio nacional de este tipo de mensajes contratados en el extranjero.

Supondría uno que para estas fechas ya se podría ir a visitar a López Dóriga, Beteta y a algunos de Radio Fórmula a algún penal de moda, pero como sabemos, no hubo juicios en su contra. ¿Y el IFE? Bien, gracias, anda participando en la vigilancia de las elecciones en EEUU.

El sesgo de las encuestas

Durante la campaña se dio un diluvio de encuestas que tenían en común el poner a EPN muy, pero muy, arriba de los demás candidatos. Como nunca se sabe bien a bien a quién encuestan, ni a cuántos, ni a qué horas, es imposible refutar o validar las encuestas. Sin embargo, como veremos en el siguiente capítulo, Macario Hernández Garza hizo un estudio [118] en el que pone en claro que muy pocas —si acaso alguna— de estas casas jugaron limpio.

La mayoría de las encuestas antes y durante la campaña fueron hechas *ex profeso* para apoyar a EPN. Jaime Ruiz, por ejemplo, analizando datos de encuestas del diario *Reforma* [119], corrige las propias conclusiones del diario reduciendo la ventaja de 12% que el diario le daba a EPN sobre AMLO a una diferencia del 4.7 por ciento. De igual manera, Luis Cota [120] revisa los resultados de 95 encuestas diarias de GEA-ISA-Milenio, que le otorgaban a EPN una ventaja sobre AMLO de ¡más de 18%!, y concluye que la probabilidad que esos resultados sean reales es 8.5735x10^{-85}, es decir, 0.000...00085735 con 84 ceros.

Declaraciones de coordinadores panistas indican que la contratación de encuestas *exprofeso* debió tener un costo estimado entre 5 y 10 millones de pesos por encuesta. Por supuesto que la difusión en forma de "noticia" en decenas de diarios y televisoras debieron agregar millones más a este costo escondido en la campaña de Peña Nieto.

¿Cuánto cuesta una presidencia?

De acuerdo a denuncias oficiales del PRD ante el IFE, para finales de abril de 2012 los priistas ya habían rebasado por 10% (más de 38 millones de pesos) el tope de gastos de campaña (336,112,184.16 pesos). Para junio el gasto del PRI había excedido en más del 100% lo permitido superando el tope por más de 380 millones de pesos. Al final, las denuncias, que también fueron secundadas en menor medida por el PAN, documentaron el gasto priista final en 4,600 millones de pesos [116]; no oficialmente la cifra ha llegado a los 6,000 millones de pesos.

Es obvio que todo esto viola el artículo 41 de la Constitución, que a la letra dice:

> "La ley fijará los límites a las erogaciones en los procesos internos de selección de candidatos y las campañas electorales de los partidos políticos. La propia ley establecerá el monto máximo que tendrán las aportaciones de sus simpatizantes, cuya suma total no podrá exceder anualmente, para cada partido, al diez por ciento del tope de gastos establecido para la última campaña presidencial; asimismo ordenará los procedimientos para el control y vigilancia del origen y uso de todos los recursos con que cuenten y dispondrá las sanciones que deban imponerse por el incumplimiento de estas disposiciones".

Con base en esto, el 12 de julio de 2012 la coalición Movimiento Progresista presentó un Juicio de Inconformidad pidiendo la anulación de la elección presidencial, al cual las autoridades electorales le hicieron el mismo caso que a las propuestas presentadas al IFE meses atrás. De manera clara el IFE, FEPADE y el Tribunal Electoral del Poder Judicial de la Federación incumplieron sus funciones con respuestas tardías o rechazos sin fundamento ayudando de manera implícita a los defraudadores.

**Figura 49. Noticia alusiva al compro de votos
con las tarjetas Monederos Monex**

Hildebrando, Trending Topic

En entrevista para *El Paso Times*, la reportera Diana Washington Valdez preguntaba acerca de la posibilidad de un fraude como el del 2006, de entrada ponía en claro que los politólogos de la universidad local ya habían dado su Vo.Bo. al IFE, y con sonrisas amplias habían desechado la pregunta como absurda. La explicación dada por el autor, tanto a Washington como a Julio Molinet, de *El Diario* de El Paso, fue que el IFE en 2012 estaba usando el mismo software que había sido desarrollado por Hildebrando en 2006, y si ahora todo estaba igual que entonces, no había razón para esperar un resultado distinto. En el diario, la noticia apareció, no como que el IFE estaba usando el mismo software, sino que estaba usando de nuevo a Hildebrando, lo cual se distribuyó en las redes sociales de manera viral llegando a ser *TT* de *Twitter*, llegando a requerir una aclaración formal del internacionalmente famoso Instituto Federal Electoral.

La confiabilidad del sistema computacional del IFE estuvo garantizada por la UNAM. Enrique Balp Díaz, Director General de Comunicación Social de la UNAM, informó acerca de la auditoría que un equipo de 40 especialistas en tecnologías de la información llevó a cabo del funcionamiento del sistema informático del PREP. Según sus propias palabras, "se analizaron 262 mil 540 líneas de código fuente… se prepararon mil 513 diferentes conjuntos de datos de prueba y se diseñaron 318 escenarios para comprobar el funcionamiento de 14 submódulos del PREP, en tres ciclos y una verificación final".

Desafortunadamente, en el mundo cibernético hay ciertas maldiciones perennes, y una de ellas es la imposibilidad de auditar lo que no ves. ¿Cómo saber si existe un código oculto en la misma u otra computadora. Por otro lado, si una auditoria no encuentra algo ilegal el 25 de junio, no significa que no vaya a existir el domingo 1 de julio, recordemos que un programa puede ser instalado de manera remota.

La auditoría, al igual que la de 2006, no encontró nada, pero los estudios no dejan duda de que algo sombrío se esconde en el procesamiento de datos del IFE (recordemos que Romero y Becerra demostraron que en 2006 al CEDAT llegó información fidedigna y salió manipulada). Si no hay nada que esconder, ¿por qué el IFE nunca ha querido presentar resultados del PREP por casilla, y sigue escondiendo la información en "actualizaciones" en las que supuestamente agrega resultados de cientos de casillas no identificadas?

A riesgo de heredar el título de bufón sexenal del justo ganador de 2006 (René Miranda, el ingenuo o desvergonzado coordinador del PREP del 2006 quien afirmó que *El sistema fue blindado, preciso e inviolable*"), el rector de la UNAM, José Narro Robles, negó que en el PREP exista algún algoritmo que "*posibilite al mecanismo cibernético modificar la voluntad reflejada en las actas*", y agregó que "*…vivimos prisioneros de la mitología, pues no se ha demostrado la existencia de mecanismo que transforme la voluntad de la sociedad*". Con esto queda claro que el rector, o no se ha enterado de los estudios realizados en su propia casa, o es uno de los enanos intelectuales que se arrodillan ante el poder de los que habla Samuel Schmidt en su prólogo.

La elección

A diferencia de 2006, el domingo 1 de julio de 2012 se llevó a cabo la elección en medio de cientos de denuncias a lo largo y ancho del país.

Integrantes del movimiento #YoSoy132, quienes desplegaron 3 mil observadores en todo el país para registrar denuncias, documentaron más de 500 irregularidades durante el transcurso de la jornada incluyendo robo de urnas por policías, secuestro de representantes de casilla, disparos de grupos armados con metralletas contra votantes y balaceras con muertos en Chiapas, relleno de urnas en Guerrero, desaparición de funcionario de casilla con 2500 boletas en Baja California, y hasta persecución de miembro de #yosoy132 por grabar compra de votos. En suma el 46% de las denuncias fueron por compra de votos, 30% por irregularidades en casillas, 19% por propaganda ilegal, 110 reportes de soborno y algunos casos de acarreos masivos; por su parte, la página www.contamos.org.mx, diseñada para monitoreo ciudadano de la elección, concluyó actividades con un total de 3,582 reportes.

Figura 50. Milenio, 1 de julio de 2012

Excepto por uno o dos excepciones, los medios se autocensuraron y no reportaron ninguno de los problemas antes mencionados. Al contrario, la "cargada" a favor de EPN se dejó sentir minutos después del cierre de las casillas. A escasos 30 minutos de haberse iniciado el PREP (que empezó a las 20:15) Josefina Vázquez Mota anunció su derrota; a las 21:00 *El Universal* publicó una edición extra (que por supuesto ya tenían lista *desdendenantes*) dando por vencedor a Enrique Peña Nieto; a las 23:00 horas el consejero presidente del IFE, Leonardo Valdés, adelantó su declaración pública "para que Calderón declarara ganador a Peña" a las 23:25, y mandara a sus súbditos a dormir satisfechos de una jornada electoral ejemplar.

Figura 51. Proceso, 15 de diciembre de 2012

Al final de la tormenta, los resultados oficiales dieron el triunfo a EPN con 18,885,840 votos (38%), seguido por AMLO con 15,657,105 votos (32%), JVM con 12,560,758 votos (25%) y Quadri quien, con 1,137,848 votos (2%) recibidos, perdió ante el candidato de los votos anulados 1,220,217 (3%) pero le ganó a los no registrados quienes recibieron tan sólo 46,863 (< 1%).

Las marchas de cientos de miles de personas en contra de la imposición de EPN, que ya habían empezado desde el 19 de mayo, continuaron de manera regular en muchas ciudades del país desde una semana después de la elección hasta la toma de posesión. El 31 de agosto el IFE desechó la petición de anulación de la elección enviada por López Obrador, y Enrique Peña Nieto tomó posesión el 1 de diciembre de 2012 entre gritos de la oposición en el senado y encuentros violentos entre manifestantes y las fuerzas de seguridad (seguridad para EPN mas no para los cientos de gaseados, golpeados y encarcelados).

Los fraudes detectados

Tomando a la elección como un sistema multi-dimensional, se podría asegurar que hubo violaciones en todas las dimensiones, tanto en las "clásicas" como en las "cibernéticas". En particular, en la parte clásica hubo fraude por medio de compra de votos, alteración de boletas, carruseles y en toda la amplia gama de recursos ilegales que los ingeniosos mexicanos hemos inventados para detener a nuestra propia democracia. Los detalles de estas violaciones en el 2012 han sido documentados ampliamente [121]; aquí se presenta un resumen breve de estos hechos tristes junto con los estudios científicos que ayudaron a su detección.

La compra de votos

La cereza del pastel de los fraudes clásicos (aunque por el monto podría ser el pastel entero) fue sin duda la compra de votos. Tanto el PRD como el PAN presentaron evidencia de miles de casos de compra de votos por tarjetas *monederos*, tarjetas telefónicas, dinero, despensas, utensilios y materiales de construcción y cientos de variantes más.

Figura 52. CNN, 9 de julio de 2012

Casos para Ripley fueron el de Mitontic, Chiapas donde el PRI compró todos los votos del pueblo a 300 pesos por cada uno, incluidos los representantes de los demás partidos. O la detención del ex alcalde de Tila en Tuxtla Gutiérrez con 3.5 millones de pesos para comprar votos. O la formación en San Luis Potosí del grupo de mujeres "Círculo Rojo" que pagó mil pesos por cada 100 credenciales de elector recabadas. O el uso de tecnología en Jalisco donde se pagó 100 pesos por foto con celular de voto a favor del PRI. O la creación en Tabasco de las "Casas Amigas" que concentraron despensas, materiales, tarjetas y coordinaron su repartición. O el paquete de boletas electorales falsas e instrucciones de cómo realizar el fraude que fueron entregados al conductor de radio de

Emiliano Zapata. O la participación de un cura en San Juan Ixhuatepec pidiendo a los niños en su primera comunión que les dijeran a sus papás que votaran "por el rojito". O el envío anónimo en Nuevo León de 6 mil tarjetas de teléfono a la sede del Partido del Trabajo por algún priista arrepentido. O el intercambio de "Un pollito por tu voto" en Cd. Obregón. O la oferta de venta de votos que la Confederación Revolucionaria de Obreros y Campesinos le hizo a Cristina Sada Salinas, candidata del Movimiento Progresista, de 60 mil votos a mil 500 pesos por cada uno. O el robo de urnas a mano armada en cuatro casillas de Nuevo León. O la repartición en Hidalgo de bolillos con billetes de a 500 pesos dentro. O la emisión de tarjetas Monex por más de 700 millones de pesos para ayudar el PRI. O las protestas en las tiendas Soriana por tarjetas sin fondos regaladas por el PRI. Y así *ad infinitum*.

Como veremos en secciones posteriores —y como lo anunciaban las modificaciones al padrón del IFE— fraudes de este tipo ocurrieron mayoritariamente en zonas rurales: en Puebla el PRI aumentó su votación rural en 72% respecto a las elecciones anteriores, en Chiapas el aumento fue de 274% y representó el 70% de su votación, en Nuevo León, donde el padrón urbano apenas creció 1%, el voto rural obtuvo el récord nacional con un crecimiento de un 238%, etcetera, etcetera, etcetera.
Afortunadamente, estas trampas "clásicas" dejaron huella que pudieron ser detectadas por auditorías y estudios científicos los cuales corroboraron la evidencia gráfica y visual que fue recopilada a lo largo y ancho del país.

"Errores aritméticos"

No hay espacio suficiente en este libro para enumerar todas las irregularidades encontradas en los estudios de los datos electorales. Para muestra se incluyen datos que el ingeniero Ibarra Salazar usó en su carta abierta al director del IFE [122], mismos que nos dan una vista de pájaro de algunos "errores aritméticos" del Cómputo Distrital (CD), ver también la referencia [123].

Don Jesús logra encontrar 2,970 actas para elección de diputado donde los resultados del PREP y los del Cómputo Distrital no concuerdan: los CD tienen casillas con 56,350 votos de más, y en el PREP hay otras con 106,145 votos extras. ¿Qué acaso el PREP y el CD no trabajan con las mismas actas de casilla?

Para el caso de senadores se encuentran 420,697 votos excedentes en los CD y 7,849 en el PREP. De las 60,604 casillas sin recuento, 3,826 tienen votos en exceso en alguno de los dos procesos informáticos. En la elección presidencial, de 63,493 actas de casilla 2,430 tienen 38,343 votos sobrantes en el CD, mientras que en el PREP son 34,091 votos excedentes. ¿Qué el conteo distrital no debería de descubrir y corregir estos "errores"?

Sirva este *chipi-chipi* como anticipo al diluvio de errores que fueron detectados con técnicas más sofisticadas.

Cazando mapaches

Un estudio que usó los datos del conteo distrital estuvo basado en una idea del ingeniero Jesús Ibarra, quien ha insistido que el primer análisis debe ser una simple comparación entre el número de votos que cada casilla recibe para presidente, senador y diputados (ver Capítulo 7). Debido a que los fraudes suelen organizarse a nivel nacional, son los votos para presidente los que son afectados, resultando con una cantidad distinta para senador o diputado. Usando esta idea simple, el Dr. Luis Mochán comparó los votos recibidos en cada casilla para estos tres rubros y, a pesar de que en un número muy alto de casillas no hubo discrepancias, aquellas en las que las hubo Luis encontró huellas indelebles de "mapaches".

El análisis usado es realmente sencillo [124], primero se toman los datos finales del Conteo Distrital y se cuentan las diferencias entre las cantidades de votos recibidos para presidente y diputado en cada casilla, éstas pueden ser positivas, negativas o nulas. Luego se cuentan todas las casillas correspondientes a la misma diferencia, es decir, se cuenta cuántas casillas tienen 1 voto de diferencia, 2 votos de diferencia, -1 voto de diferencia, etcétera. Finalmente se grafica el número de casillas contra la diferencia de votos que tuvieron. En el estudio se excluyen los datos de las casillas especiales (más acerca de esto en la siguiente sección) y los votos del extranjero.

Los resultados arrojaron diferencias de votos por casilla, por ejemplo, entre la elección para presidente y para senadores que van desde -999 hasta 634. En particular se encontraron 86,597 casillas "correctas" en las que no hubo diferencia de votos para presidente y para diputados, pero también se hallaron discrepancias—algunas extremadamente altas—en 52,869 casillas; cabe mencionar que estos errores debieron ser detectados en los Cómputos Distritales, lo que pone en duda su capacidad para corregir errores.

La siguiente gráfica muestra el conteo de casillas en función de la diferencia de votos para presidente y para senadores. El eje horizontal es el número de votos para presidente menos el número para diputados de la misma casilla. Puntos a la derecha del cero corresponden a casos donde hubo más votos para presidente que para diputado, y viceversa para los puntos negativos. El eje vertical es el número de casillas donde se observa la diferencia indicada por el horizontal. La gráfica no muestra las 86,597 casillas con diferencia cero por estar fuera de escala. Los casos de presidente y senadores, y de senadores y diputados dan resultados muy parecidos.

Figura 53. Número de casillas en las que el número de votos para presidente y para senadores fueron distintos. La periodicidad es inexplicable sin la suposición de alteración de cifras

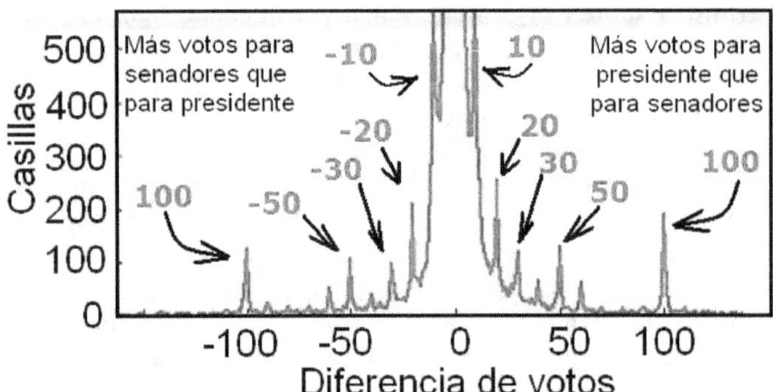

El grueso de la gráfica es fácil de interpretar, debido a que cada ciudadano recibe una boleta para cada una de las elecciones referidas, no debería existir diferencia entre las tres votaciones. Boletas anuladas, o guardadas como "recuerdo", destruidas por error, etc., harán que haya diferencias pequeñas, por lo que se entiende que la línea de la gráfica decrezca rápidamente conforme crece la magnitud del error.

Sin embargo, la gráfica muestra que el número de casillas con errores de exactamente -10 y 10 votos de diferencia abandona la tendencia decreciente y sube hasta un valor cercano a las 1,000 casillas (fuera de escala de nuevo, ver picos etiquetados como "10" y "-10"). Curiosamente el fenómeno se repite al llegar a -20 o 20 votos donde el número de casillas sube hasta los 200 y 250, y así de manera subsecuente sigue repitiéndose cada vez que la discrepancia aumenta en exactamente 10 votos. Es notable que el pico de diferencias de -100 y 100 votos sube hasta un máximo de entre 120 y 180 casillas, un aumento muy superior a los aumentos contiguos y miles de veces mayor a lo esperado.

¿Qué puede producir estos picos periódicamente ordenados? La única explicación que se le ocurrió al Dr. Mochán fue la existencia de un ejército de "mapaches" (personas especializadas en el robo subrepticio —como los mapaches— de votos), cada uno con la consigna de sustraer o de añadir de forma ilegal 10 votos a las urnas. Pero el ingeniero Ibarra, más experimentado en la vida y milagros de los mapaches, explicó que el efecto se logra, no con el robo de votos, sino con una simple (y, de nuevo, subrepticia) modificación de las actas cuando esto fuera posible. Así pues, si un partido obtuviera 25 votos, el 2 podría convertirse en 3, 4 o más agregando así 10 o 20 votos. El efecto de los 100 votos de diferencia se lograría agregando un "1" antes de la votación real convirtiendo, por ejemplo, un 32 en 132.

En investigación posterior [125] García Bojórquez ahondó en el estudio de discrepancias entre presidente y diputado encontrando que éstas existieron en todos los estados pero principalmente en el D.F. y en el Estado de México. En 33,000 casillas con discrepancias el favorecido fue EPN, en casillas rurales con inconsistencias EPN obtiene un 5.78% más de votos que en las urbanas y AMLO un 9.01% de menos que en las urbanas. El número total de votos en discrepancias, es decir la cantidad de votos agregadas o sustraídas, fue de 1,231,325.

La técnica Ibarra-Mochán es un avance importante en la lucha contra el fraude electoral y sirve para detectar fraudes "a la antigüita". En sí constituye un estudio del "primer dígito", complementario al estudio del último dígito usado en 1988 y en 2006. Cabe recalcar que si —a pesar de todas las advertencias— algún día se llega a instaurar el voto electrónico en México, este método no podrá ser utilizado.

Finalmente, hay que mencionar que algunos participantes del diplomado en estudio de datos electorales (que se llevó a cabo del 23 al 27 de marzo de 2015 en Chihuahua) expresaron dudas acerca de si un simple reemplazo de un dígito es suficiente para lograr el fraude, ya que la cantidad de votos también debe ir por escrito.

Correlación de Pearson (reloaded)

La experiencia del 2006 demostró que el PREP es vulnerable a manipulación cibernética. El análisis más sencillo de llevar a cabo con los datos temporales del PREP es la correlación de Pearson. Como se explica en un apéndice del primer libro [1], este coeficiente determina si dos conjuntos de números están relacionados entre sí. El valor de la correlación, llamado simplemente "r", puede variar entre r = -1.0 y r = 1.0, y el caso de r = 1.0 indicaría una correlación perfecta entre los grupos de números, caso en el cual sería posible describir un grupo de datos en función del otro. Obtener un valor de r = 1.0 es prácticamente imposible en mediciones debido, entre otros factores, a errores en los instrumentos de medición (ver Sección "La exactitud de una elección"); ciertamente un r = 1.0 deberá levantar sospechas acerca del origen de los datos.

En el caso de la elección fue posible usar la correlación de Pearson con las actualizaciones del PREP. Las series de actualizaciones de votos recibidos por cada partido fueron usadas para calcular la correlación entre partidos. Los análisis se iniciaron con 14 actualizaciones y se repitieron cada hora por seis horas llegando a tener 70 actualizaciones. En todos los casos se obtuvo un resultado de 1.0 con tres cifras significativas [126], es decir valores mayores de 0.999. Esto, sin duda, indicaba que los votos están relacionados entre ellos, la pregunta que seguía era, ¿por qué?

**Figura 54. Correlación de Pearson PRI-PRD
y primeros datos del PREP**

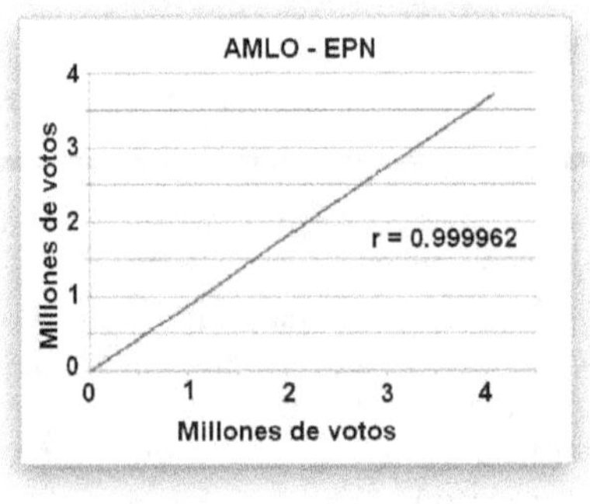

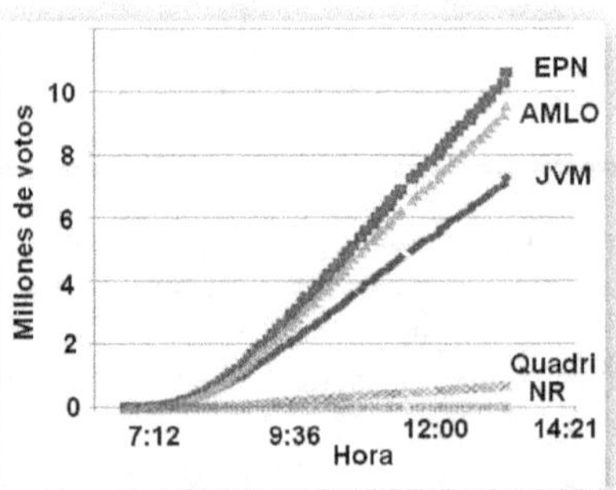

Al distribuirse esta información por las redes sociales la noche de la elección, el tema se convirtió en *Trending Topic* de *Twitter* y el número de seguidores del autor creció de unos cuantos hasta más de 7,000 en cosa de horas. Junto con la "fama" llegaron también las críticas, afortunadamente la mayoría constructivas. La pregunta más repetida fue ¿qué no es de esperarse que la correlación de Pearson crezca al aumentar el número de votos acumulados de cada partido?

La correlación de Pearson crece para valores que se van acumulando, como en el caso del PREP, sin embargo este crecimiento no hace que r llegue al 1.0. En el 2006 el r = 1.000 se mantuvo por casi 36 horas pero al final se redujo a 0.97. ¿Qué valor máximo de r se puede obtener con datos "naturales"? ¿Qué valor de r indica manipulación de datos? Responder a estas preguntas les llevó semanas de trabajo a varios investigadores.

Sin entrar en detalles técnicos, los cuales pueden ser encontrados en la literatura original [127], un segundo estudio demostró que el uso de datos acumulados no justifica un r = 1.0, y que si los datos del PREP eran variados por más de un 1%, la correlación perfecta se perdía bajando a menos de 0.999 rápidamente. Es decir, el PREP tiene correlaciones perfectas no por acumulación ni por casualidad, sino por diseño.

Antes de gritar ¡fraude! fue necesario corroborar estos resultados por métodos independientes. Al rescate llegó el economista neoleonés Jair Garza quien estudió los datos del PREP con técnicas de economía que eliminan el efecto de la acumulación y encontró, de nuevo, correlaciones mayores de 0.999 [128]. Una segunda corroboración fue hecha por Alberto Altamirano, quien calculó el coeficiente de Pearson usando —no los datos del PREP— sino los incrementos [129], es decir, los aumentos de votos entre cada actualización, encontrando r = 0.999603 para el PRI-PRD. Un estudio más [130] calculó la misma correlación para las diferencias de los aumentos que había usado Altamirano, así como para la diferencia de la diferencias, y la diferencia de las diferencias de las diferencias, etcétera. obteniendo siempre valores mayores de 0.99.

Los resultados de esta serie de estudios hicieron que aún los más escépticos aceptaran que el PREP tenía "características peculiares", mientras que los iniciados en el "anomalismo" de inmediato tuvieron un *deja vu* que los regresó al 2006.

En su estudio [128] Jair Garza también encontró que los datos del PREP sufrían de una falta de estabilización grave (otra violación a la ley de los números grandes) que él consideró como una irregularidad aún mayor que las correlaciones perfectas. Finalmente, como *pilón* y antes de partir a continuar sus estudios de maestría en Holanda, Jair obtuvo un algoritmo que lograba predecir los votos del PRI a partir de los del PRD, PAN y PANAL con una confianza del ¡99.99%!

A pesar de no dar una respuesta definitiva, la correlación de Pearson ayuda a detectar posibles manipulaciones cibernéticas. Es la mejor técnica de análisis de los datos temporales que provee el PREP durante las primeras horas después de la elección. Y es a través de esos números falsos en el PREP que se da la conexión con temas literarios; para no aglutinar detalles no esenciales en este libro, los lectores interesados pueden encontrar la historia completa en el artículo "Sexo y muerte en el PREP" [131].

Las casillas especiales

Un estudio que no encontró fraude —sino todo lo contrario— fue la contribución magistral del ingeniero químico de Cd. Obregón, César García Bojórquez, quien logró descubrir lo que podría ser el verdadero resultado de la elección por medio de una investigación de las llamadas Casillas Especiales (CE).

Las CE son aquellas casillas de votación que son instaladas para dar servicio a votantes que están fuera de su ciudad de residencia. En el 2012 hubo 902 casillas instaladas en todos los estados tanto en zonas rurales como urbanas; en total las CE recibieron 593,739 votos.

Tal vez la característica más importante de las casillas especiales es el hecho de que —a diferencia de las ordinarias— en éstas no hay padrón electoral, por lo que los funcionarios de casilla no saben de antemano quiénes o cuántos irán a votar y —tal vez más relevante— tampoco saben quiénes o cuántos no lo harán.

En su estudio [132], García Bojórquez tomó los datos finales de la elección provistos por el IFE, seleccionó los datos correspondientes a las CE, rellenó con ceros los pocos casos donde faltaba información ("sin dato", "ilegible" o "vacía"), y se puso a calcular los promedios de votación para cada candidato; la figura muestra los resultados.

Figura 55. Resultados de la elección en las casillas especiales comparados con los promedios nacionales

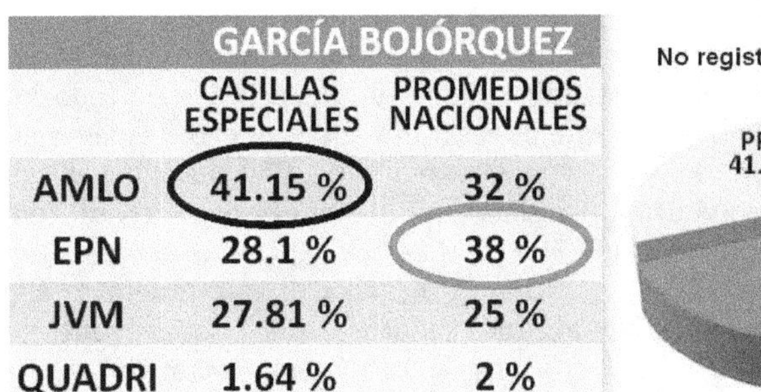

GARCÍA BOJÓRQUEZ		
	CASILLAS ESPECIALES	PROMEDIOS NACIONALES
AMLO	41.15 %	32 %
EPN	28.1 %	38 %
JVM	27.81 %	25 %
QUADRI	1.64 %	2 %

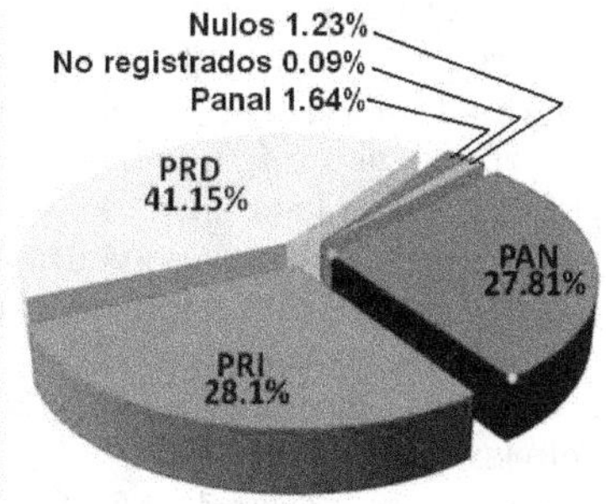

El increíble resultado que arrojaron las casillas especiales, totalmente opuesto al oficial, se podría tomar como indicador del resultado real de la elección, siempre y cuando se pueda demostrar que está exento de errores estadísticos y de muestreo. Investigar estas condiciones requirió, de nuevo, de varias semanas de estudio de diversos investigadores.

Como se explicó en el primer libro en relación al resultado de las casillas inconsistentes [1], las encuestas y resultados parciales (como los de las CE) se pueden tomar como indicadores del resultado final dado que sean lo suficientemente grandes para reducir el margen de error estadístico, y lo suficientemente incluyentes para eliminar los errores de muestreo. Con 593,739 votos los resultados tendrían un error minúsculo de tan sólo 0.17% (menos de una décima del error de una encuesta comercial) y satisfarían el primer requerimiento. Pero al no tener información de quién votó — aunque los votos provengan de todo el país— no es posible garantizar que representen de manera estadísticamente correcta a la población del país entero. Es decir, ¿votó la proporción correcta de hombres y mujeres?, ¿jóvenes, adultos y adultos mayores?, etcétera.

Imposibilitados para corregir los posibles errores de muestreo, los investigadores se abocaron a probar *ala reductio ad absurdum*, es decir, demostraron que si los resultados oficiales eran correctos, era estadísticamente imposible seleccionar 902 casillas al azar que dieran los resultados de las CE. Y al demostrarlo pudieron arribar a una conclusión muy interesante.

Jorge A. González Guzmán, estudiante de matemáticas aplicadas de Southgate, Michigan, inició el estudio dividiendo las casillas de toda la elección de acuerdo a la ventaja que el PRI tenía sobre el PRD o viceversa [133]. Aunque los resultados de las CE decían que las 950 casillas tenían en promedio 88 votos de ventaja del PRD sobre el PRI, el mismo resultado se podía lograr con, digamos, unas 750 casillas con 100 votos de ventaja, o unas 500 casillas con 150 votos de ventaja para el PRD, etcétera. Es decir, entre las CE debería haber algunos cientos en las que la ventaja del PRD sobre el PRI fuera "alta", digamos de 100 votos o más; González encontró que de las 142,230 casillas procesadas en la elección tan sólo había 11,574 que satisfacían ese requisito. ¿Cuál era, entonces, la probabilidad de que al seleccionar, digamos, 950 casillas de la elección de manera aleatoria, hubiera suficientes casillas (algunos cientos) de ventaja "alta" para justificar el resultado de las CE? La siguiente figura muestra el resultado.

Figura 56. Los resultados de las casillas especiales son estadísticamente incompatibles con los oficiales

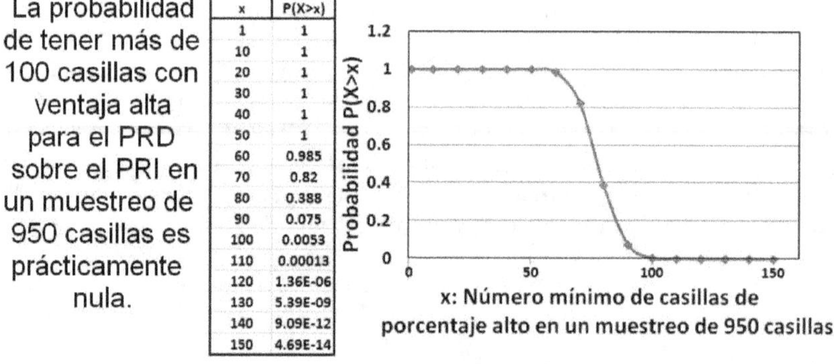

x	P(X>x)
1	1
10	1
20	1
30	1
40	1
50	1
60	0.985
70	0.82
80	0.388
90	0.075
100	0.0053
110	0.00013
120	1.36E-06
130	5.39E-09
140	9.09E-12
150	4.69E-14

Los resultados nos dicen que si seleccionamos al azar 950 casillas de las 142,230 de la elección, la probabilidad de que haya, digamos, 150 casillas o más de ventaja alta para el PRD, es de 0.0000000000000469, es decir, habría que repetir el muestreo más de 21 billones de veces (21,321,961,620,469 para ser exactos) para obtener uno con valores parecidos a los de la CE. Como necesitamos muchas más que 150 casillas altas para justificar el resultado de las CE, podemos concluir que éstas no son compatibles con un muestreo al azar de la elección.

Hay que aclarar que sí es posible encontrar 950 casillas entre las 142,230 de la elección que logren dar un resultado parecido al de las CE, más no es posible hacerlo al azar. Para poder reconciliar la elección con las CE sería necesario explicar por qué las CE son especiales y por qué fueron tan frecuentadas por seguidores de López Obrador que estuvieron fuera de su lugar de residencia, lo cual es imposible de hacer.

Con esto en mente, el resultado del análisis nos presenta las siguientes alternativas: las CE están mal y la elección está bien, la elección está mal y las CE están bien, o ambas están mal. Debido a los resultados de las secciones anteriores, es lógico pensar que la elección es fraudulenta y, aunque no se demostró que las CE no tengan errores de muestreo, el hecho de haber sido obtenidas sin padrón anima a tomarlas como indicador fidedigno de la elección (más adelante veremos que los resultados de las CE concuerdan con los de los conteos ciudadanos). Extendiendo los porcentajes de las CE al resto de la elección, se puede concluir que en una elección justa, sin rellenos, compra de votos, etcétera, López Obrador hubiera sobrepasado a Enrique Peña Nieto por un apabullante 13% equivalente a unos 6.5 millones de votos.

Midiendo la compra de votos

Jorge Zavala, el legendario luchador coautor del libro *Radiografía del fraude* [39] estudiado en el Capítulo 1, junto con un nutrido grupo de colaboradores [134] encontraron anomalías en las distribuciones de porcentajes de participación y de votación para EPN probablemente causadas por la compra de votos.

Las irregularidades introducidas en 2012 se pueden ver gráficamente por medio de una comparación con los resultados de 2006. Tomando como ejemplo el caso del estado de Chiapas (ver figura), se puede ver que hubo un aumento sustancial en la participación ciudadana. El incremento se dio tanto en el porcentaje de gente que votó (eje horizontal) como en la cantidad de votos recibidos en cada categoría (eje vertical). La media de participación en casillas urbanas creció, aproximadamente, de un 50% a un 60%, mientras que las no-urbanas de un 50% a un 75%, muy arriba de la media nacional. Señalado como "Bimodal" se muestran los incrementos de casillas rurales y urbanas con participación cercana al 100%, reminiscente a lo detectado por el mismo Zavala en 1988.

Figura 57. Comparación de la distribución de participación ciudadana en el estado de Chiapas en 2006 y 2012

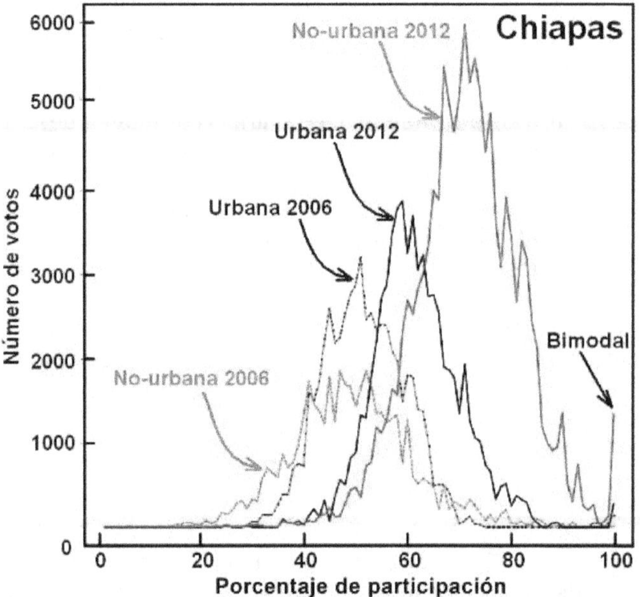

Comparando con la normalidad (gaussianidad) esperada para tales distribuciones Zavala y colegas pudieron deducir el monto de las irregularidades; los lectores interesados podrán encontrar los detalles de tal estudio en el artículo publicado en el compendio [134]. La figura

siguiente muestra la distribución de estos votos por estados e indica que
—en los estados donde este método pudo ser aplicado— hubo del orden de
3,167,569 votos comprados.

**Figura 58. Estimación de los votos comprados
para el PRI en estados donde los demás partidos
se comportaron normalmente**

ESTADO	VOTACIÓN PRI	Compra	ESTADO	VOTACIÓN PRI	Compra
AGUASCALIENTES	148410	46748	MEXICO	2190643	909479
COAHUILA	379440	92713	NAYARIT	176549	71509
COLIMA	100978	39236	OAXACA	441082	256949
CHIHUAHUA	482183	152349	PUEBLA	585623	295463
DISTRITO FEDERAL	880396	28395	SINALOA	432890	144313
DURANGO	252683	130456	SONORA	347730	51882
GUERRERO	409011	128022	TLAXCALA	133171	17308
HIDALGO	388678	183283	VERACRUZ	922363	619464
Total 16 estados		**14,340,695**		**3,167,569**	

Otros estudios

El 27 y 28 de agosto de 2012 se llevó a cabo el Coloquio de Análisis de
la Elección en la Ciudad de México organizado por Alberto Altamirano,
María Fernanda Campa, Víctor Romero Rochín, Jorge Zavala Hidalgo
y Redes Universitarias. En tal evento se presentaron 14 ponencias de
investigadores de México y EEUU.

Por ejemplo, el estudio del grupo de investigadores de Ávila *et al.* [135]
estudiaron las casillas con promedios de votación altos o número grande
de votos nulos, y encontraron que las desviaciones tienden a favorecer
a EPN y JVM y a perjudicar a AMLO. Asimismo el estudio encontró una

correlación entre las irregularidades y el nivel de pobreza del lugar donde fueron encontrados, así como un aumento notable en la participación ciudadana en zonas rurales; en lugares pobres llegó hasta el 90 por ciento. Por su parte, el maestro Luis Enrique Sánchez Peña estudió los errores aritméticos [136], y en otro estudio, Ángel Zambrano [137] analizó la distribución de los votos nulos para extraer una métrica que ayude a determinar la cantidad de votos agregados a EPN, el cual concluye que es del orden del 40%; al sustraerlo, AMLO ganaría con el 35.1% de la votación arriba de EPN por 9.6 por ciento. El resto de las contribuciones al Coloquio pueden ser encontradas en el sitio web del evento [138].

Muchas investigaciones más fueron publicadas en la revista electrónica *Colloqui* [139] que iniciara funciones poco antes de la elección. El químico farmacobiólogo de Guadalajara, Jorge Gaspar, por ejemplo, encontró [140] más de 18 mil actas con irregularidades en el PREP que involucraban casi 5 millones de votos (9.7% del total). El estudiante de ingeniería civil de Hermosillo, Alfredo Alonso, logró hacer ajustes perfectos con los datos del PREP (con $R^2 = 0.999$) que él considera imposibles de obtener sin manipulación [141]. Juan Carlos Cajas García también logró ajustes perfectos (de nuevo con $R^2 > 0.999$) de los 140,856 datos del PREP con tan sólo tres parámetros [142]. El doctor en sistemas inteligentes del ITESM, Héctor Ceballos, comparó los votos recibidos por cada candidato en el PREP con los del Cómputo distrital y encontró [143] que el 49% de las casillas presentaron inconsistencias entre las tres elecciones. En estimación rápida [144], Miguel de Icaza Herrera, del Centro de Física Aplicada y Tecnología Avanzada de Querétaro, tomó un camino alterno a Zavala, y calculó que las 1,800,000 tarjetas de Soriana junto con los votos acarreados por la maestra Elba Ester Gordillo (a confesión de parte, relevo de pruebas) debieron haber agregado 6.8 millones de votos a EPN; de ser sustraídos lo bajarían a un 28.7% (igual que el obtenido en las casillas especiales), y le darían el triunfo a AMLO con una ventaja de 3.5 millones de votos sobre EPN.

Y así *ad infinitum* ... y más allá.

Los conteos ciudadanos

Como se recomendó en los libros anteriores [1,2] la participación ciudadana en la vigilancia de las elecciones es sin duda el factor más importante en lograr y mantener una democracia. En el 2012, esta vigilancia dio lugar a la creación de una avalancha de "PREPs" ciudadanos que involucraron a miles de personas en todo el país.

En resumen, el plan fue crear sistemas computacionales que permitieran que voluntarios tomaran fotografías de las sábanas con los resultados de la votación en cada casilla y las depositaran en sitios de internet para su digitalización posterior. La figura muestra algunos de los sitios que funcionaron.

Figura 59. Conteos ciudadanos

Entre los problemas a vencer fue el obtener fotos de casillas remotas, detener los ataques continuos de hackers a los sitios de internet, tomar las fotos antes que las sábanas fueran retiradas ilegalmente, eliminar fotos duplicadas, verificar fotos recibidas y, el principal, digitalizar las decenas de miles de fotos para tener los datos en formato útil. Todo lo anterior no es un problema trivial y, salvo en catástrofes, pocas veces en México ha habido esfuerzos voluntarios tan masivos.

En términos de resultados, no todos los sitios publicaron un desglose completo de los datos obtenidos, pero otros, notablemente PrepCiudadano, OpenPREP, YoSoyAntiFraude y Conteo-Ciudadano, obtuvieron resultados muy parecidos. Como se indica en la gráfica, los resultados son mucho más cercanos a los de las casillas especiales que a los oficiales.

Para entender la discrepancia entre los resultados de los conteos ciudadanos y los del PREP, Julián Becerra Sagredo, *anomalero* desde 2006 y doctorado en Matemáticas Aplicadas en el *Eidgenoessische Technische Hochschule* de Zurich, Suiza, hizo un estudio muy extenso de los datos del sitio *Yosoyantifraude.org* [145]. Tal sitio logró almacenar 42,931 sábanas (29.93% del total) en tan sólo dos días gracias al uso de un sistema de capturas interactivas que contaba con mecanismos de seguridad,

Figura 60. Resultados de algunos de los conteos ciudadanos

	JVM	EPN	AMLO	Quadri	Nulos	NR	Votos totales	% Casillas capturadas
Yosoyantifraude	24.69	32.17	**38.77**	2.35	1.90	0.11	16,556,788	29.93
PrepCiudadano	24.76	31.34	**39.48**	2.31	1.93	0.18	9,388,514	18.78
Conteo-Ciudadano	24.14	29.78	**41.84**	2.39	1.76	0.09		
OpenPrep	27.66	30.54	**37.62**	2.25	1.80	0.12	8,326,783	16.65

Según las sábanas analizadas en su momento por Julián, el triunfo le correspondía a López Obrador con 38.8% de los votos, seguido por un lejano 33.4% de Peña Nieto y 25.3% de Vásquez Mota. La pregunta a resolver en el momento era ¿cómo explicar la discrepancia con los resultados del PREP? Para responder tal duda, Julián tuvo que hacer una disección del PREP destapando una caja de pandora de donde salieron, no los males del mundo, sino pruebas a favor de la teoría de Romero del 2006.

Aunque las 42,931 sábanas fotografiadas contenían millones de votos, la validez de sus resultados dependía de la representatividad nacional del muestreo. A diferencia de las casillas especiales, en este caso sí había información acerca del lugar de procedencia de los votantes, por lo que fue posible detectar y corregir los errores de muestreo usando metodología similar a la que usó Romero en el 2006 con las casillas inconsistentes.

La crítica inicial, que el resultado se daba por que muchas sábanas capturadas provenían del Distrito Federal donde la izquierda había ganado por gran margen, se vino abajo cuando los datos fueron separados por estado y el resultado recalculado fue el mismo. ¿Cómo explicar entonces la diferencia entre estos resultados y los del PREP?

La investigación que siguió fue tripartita. Para empezar, los investigadores compararon características de los datos de las sábanas capturadas con los de las casillas correspondientes del archivo del PREP. Excepto por unos 100 mil votos que le habían sido escamoteados a López Obrador, el PREP y las sábanas dieron el mismo resultado, es decir, una ventaja grande a favor del Movimiento Progresista.

Como segundo paso, Becerra y colaboradores espulgaron el resto de las sábanas, que constituía el 70% restante. Para su sorpresa, el comportamiento de ese 70% era sustancialmente distinto del primer 30% examinado. La gráfica adjunta muestra los porcentajes de votación obtenidos en función del número de casillas computadas, el panel izquierdo con los porcentajes de las casillas cuyas sábanas fueron capturadas por *Yosoyantifraude*, y el derecho a todas las demás.

Figura 61. Comparación de los porcentajes obtenidos en las actas observadas y en las actas no observadas

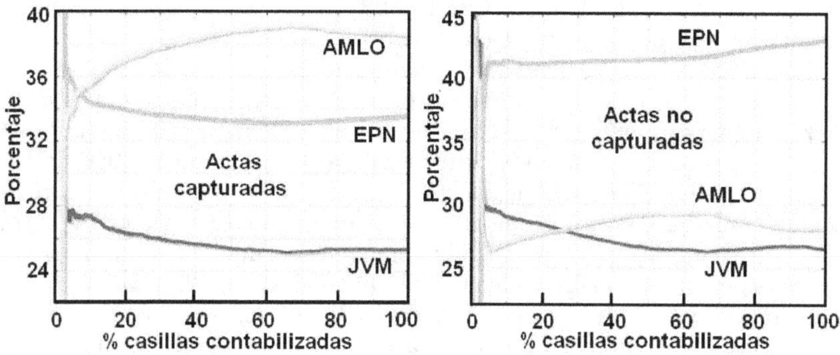

Como se puede observar, en las casillas recibidas por *Yosoyantifraude*, AMLO está a la cabeza desde muy temprano en el conteo, mientras que en las casillas no fotografiadas EPN es el puntero por un margen aún mayor. Esto agregó un misterio a la investigación, parecía que el hecho de fotografiar una sábana hacía que sus porcentajes cambiaran; algo así como el gato de Schroedinger que siempre está medio muerto, excepto cuando alguien lo ve, caso en el cual o está vivo o está muerto. ¿Sería ésta una elección cuántica?

En lugar de iniciar un pleito filosófico como el de Bohr y Einstein acerca del significado de la mecánica cuántica, Becerra emuló a Bell y seguidores y midió todo. Encontró que en las casillas que conformaban el otro 70% había 36,186 (del orden del 25%) en las que AMLO y EPN habían empatado con alrededor de 5 millones de votos cada uno; Becerra llamó a este el "conjunto empate", pero también había 52,918 casillas (36.7%) donde EPN dominaba por un margen inaceptablemente amplio, al cual llamó el "conjunto inaceptable".

La tercera parte del estudio se concentró sobre el conjunto inaceptable que mostró una participación ciudadana demasiado alta, imposible de creer si no se considera la compra de votos documentadas anteriormente. Una característica del conjunto empate es que en todas las casillas AMLO había recibido al menos 55 votos (7% del máximo total de votos permitidos por casilla); lo que sugería que en el resto EPN debería haber ganado con porcentajes muy superiores a la media nacional. En efecto, Julián encontró que en este grupo EPN **acumula** 7 millones de votos, seguido por JVM con 4.7 millones y al último AMLO con 2.7 millones. La diferencia en porcentaje entre EPN y AMLO en este grupo es un increíble 28% (¡¿?!), porcentaje superior a lo predicho por la más imaginativa de las absurdas encuestas.

Resumiendo lo encontrado por Julián y colaboradores de *Yosoyantifraude*, el conteo ciudadano parece haber recopilado información de zonas (mayormente urbanas) en las que no hubo manipulación notable y por lo mismo lo encontrado concuerda con los datos del PREP de las mismas casillas. El estudio logra separar las casillas no observadas en el conteo ciudadano en un grupo en el que hubo empate entre EPN y AMLO, y en un segundo grupo donde abiertamente se detecta manipulación, ratificando esto los sesgos encontrados por Zavala et al. Otro logro, tal vez aún más importante, fue una observación que servirá para corroborar los resultados de Romero y ayudar a probar su teoría del fraude en la siguiente sección.

Probando la teoría del fraude

En matemáticas uno se hace famoso ya sea por proponer una conjetura que nadie puede probar, o por probar una conjetura que ha estado sin ser probada por siglos; Víctor Romero Rochín nunca llegará a ser famoso por ese camino.

Como vimos en el Capítulo 2, la teoría del fraude de Romero suponía la existencia de un mecanismo cibernético en el que los datos eran falseados a placer. Como veremos enseguida, al repetir su estudio con los datos de 2012, Romero da con la piedra angular que sostiene la maquinaria del fraude y logra probar su propia teoría. Desgraciadamente, como la conjetura era reciente, Romero no pasará a la eternidad por este logro.

En su estudio "PREP 2012 ¿Fraude Cibernético Reloaded?" [146] el Jefe del Departamento de Sistemas Complejos del Instituto de Física de la UNAM hace una comparación entre la elección de 2006 y la de 2012. Entre los muchos descubrimientos, está la evolución de los porcentajes de cada candidato en el PREP de acuerdo con el porcentaje de casillas computadas; la gráfica siguiente muestra lo ocurrido en 2006 (panel izquierdo) y los resultados de 2012 (panel derecho).

Figura 62. Porcentaje de votos contra porcentaje de casillas capturadas en el PREP del 2006 (izquierda) y en el 2012 (derecha). La línea inferior (Resto) es la suma de los votos a los partidos "chicos", no registrados y nulos (aumentados + 10 en el 2006 y + 15 en el 2012 por visibilidad). El recuadro inferior compara las curvas de PRI del 2006 y 2012 para demostrar que son idénticas

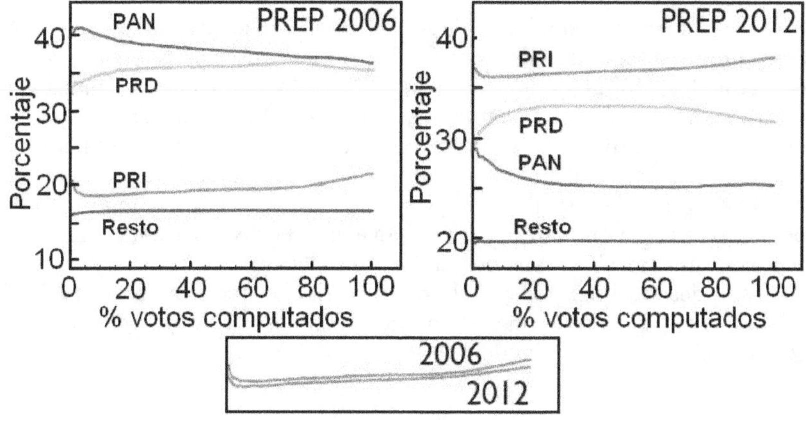

Antes de continuar, para evitar accidentes, se le pide al lector que tome asiento. Relegando los detalles al artículo original [146], nos lanzamos al meollo de la gráfica haciendo notar la similitud que hay entre las curvas de los diferentes partidos en las dos elecciones. Aunque todas las curvas tienen parecido, _las dos curvas del_ PRI _son esencialmente idénticas_ pero desplazadas en el eje vertical; el recuadro inferior muestra las dos líneas yuxtapuestas para mejor comparación.

¿Cómo es posible que la evolución de los porcentajes se haya mantenido sin variación alguna en las dos elecciones? Los que estén dispuesto a aceptar que esto es una casualidad, favor de comunicarse con el autor quien tiene un puente sobre el Río Bravo que está vendiendo en oferta.

Los que pretendan argumentar que esas curvas siempre son así debido a los tiempos del voto rural versus urbano, norte versus sur, etc., deben recordar que en esta elección el PRI supuestamente recibió cerca de 9 millones de votos más que en 2006, 8 de los cuales eran rurales. Todos estos factores deberían de haber cambiado la forma general de las líneas.

La explicación, sin duda, es que los flojos fraudulentos usaron el mismo algoritmo de generación de valores cambiando simplemente la amplitud, es decir los valores del eje vertical. Como se explicó, ya en el 2006 el mismo Romero había hecho notar que datos diferentes parecían haber sido generados con un mismo código.

Una prueba adicional e independiente fue encontrada por Becerra Sagredo en su análisis descrito en la sección anterior [145] en lo que él llama las "minielecciones". Contabilizando los votos recibidos por cada candidato en 5 mil casillas secuenciales, Julián obtiene la gráfica del panel izquierdo en la figura siguiente, la cual es comparada con los resultados obtenidos en 2006 (panel derecho). Dejando a un lado los detalles, se puede ver que la evolución seguida por los votos recibidos por AMLO es también idéntica en ambas elecciones (ver recuadro inferior), corroborando las observaciones de Romero Rochín.

Estos descubrimientos prueban "más allá de toda duda razonable", la existencia de algún algoritmo oculto en los entresijos del sistema computacional (extendido) del IFE.

Figura 63. Evolución de número de votos recibidos por los diferentes candidatos en grupos de 5 mil casillas secuenciales en el PREP del 2012 (izquierda) y 2006 (derecha). El recuadro inferior compara las curvas de PRD del 2006 y 2012 para demostrar que son idénticas

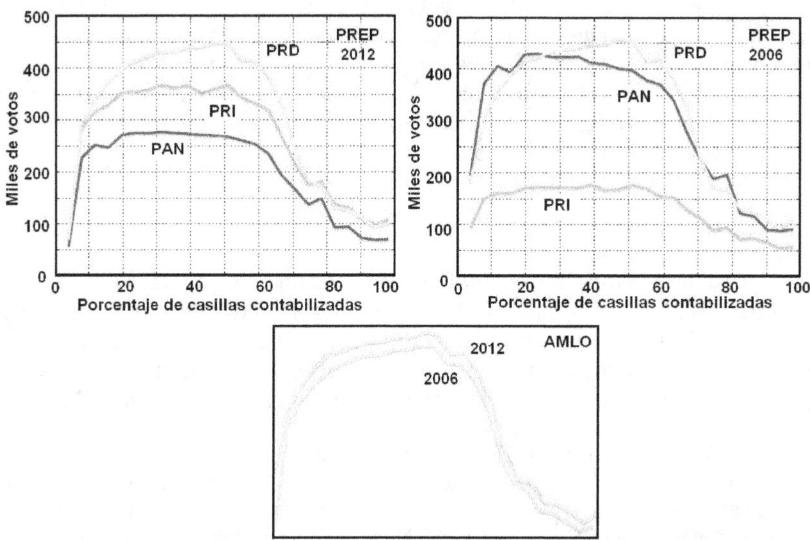

En el resto de su artículo, Romero —el acreedor al Premio 2005 de Investigación Científica de la Sociedad Mexicana de Física— hace notar similitudes entre las demás líneas, y subraya el hecho de que las curvas "Resto" son más planas que una campeona de natación, sin variación alguna y ajenas a lo que pase con el resto de la elección. Repite su estudio de promedios temporales (no acumulados) con los datos de 2012 y vuelve a encontrar similitudes con los de 2006. Al igual que en 2006 detecta cambios de dirección en las curvas al llegar al 70% de las casillas contabilizadas. Analizando los incrementos de votos de cada partido de una elección a la otra confirma las sospechas mencionadas al principio del capítulo: el PRI recibió 7 millones de votos "nuevos" provenientes de casillas no-urbanas. Lo anterior demuestra que la explicación pre-electoral de Romero [114] y otros [115] acerca de las modificaciones al padrón estaba correcta: el padrón se modificó para dar cabida a 7 millones de votos comprados o inventados; obviamente los gurúes televisivos (Marín y otros engañabobos), que se desgañitaban cuestionando a los *pseudocientíficos* que hablaban de *patrañas de algoritmos*, eran los que estaban equivocados.

Finalmente, después de haber mostrado pruebas irrefutables de manipulación cibernética de datos electorales y de la existencia de una maquinaria fraudulenta dentro del IFE —lo que confirma su teoría del fraude— Romero se lava la mano con la que tiró la piedra, se excusa por no poder hacer un juicio "con unos cuantos datos nada más" y les deja el paquete a los lectores diciéndoles "ustedes son los mejores jueces".

La última palabra

El Dr. Robert Sandels, un analista independiente que vive en México y escribe, entre otros, para *CounterPunch* y *Global Research*, hizo una serie de observaciones en septiembre del 2012 acerca de la elección mexicana. Como veremos a continuación, se le otorga la última palabra para que resuma con su objetividad acostumbrada lo sucedido en México.

> El 31 de agosto el IFE desechó todas excepto una de las acusaciones formales de Andrés Manuel López Obrador; la única queja que no fue rechazada fue que el PRI había excedido sus gastos de campaña. El año venidero deberíamos de poder saber si en realidad Peña Nieto gastó diez veces más que el límite permitido, pero no es seguro pues EPN tomará posesión en diciembre.
>
> Dado que la victoria de Peña Nieto estuvo pre-empacada, pre-pagada, pre-vendida y pre-certificada, es posible que con esto el IFE haya logrado hacer que las elecciones sean obsoletas. Ricardo Monreal, el coordinador de campaña de López Obrador, dijo que con la decisión del IFE México había llegado al punto en el que "los presidentes no son electos por voto popular, sino por subastas periódicas".
>
> Recitando de uno en uno el veredicto unánime en un cántico televisado de cinco horas, los ocho consejeros del IFE eliminaron toda mancha de duda de la elección del primero de julio transformándola en la más justa y limpia de todas las elecciones en México o tal vez en la historia mundial. Los gritos de diputados pidiendo la destitución del panel del IFE no encontraron eco.
>
> Irónicamente, desde su creación en 1990 el IFE se ha tomado como un modelo para la administración moderna de elecciones. Lo que parece notable del

2012 es que con sus vastos mecanismos de control, no haya podido encontrar en todo el flujo piroclástico del caliente dinero misterioso que fluyó hacia la campaña de Peña Nieto causa alguna para investigar algo. Esto fue algo nuevo en la historia del IFE y puede ser el inicio de una era donde la mentira de la democracia ya no puede ser sostenida.

A diferencia de elecciones previas, esta vez la izquierda proveyó carretadas de evidencia física con tarjetas pre-pagadas, testimonios notariados, grabaciones telefónicas, documentos bancarios, y hasta animales de granja usados para comprar votos en zonas rurales, evidencia que apunta toda hacia una compra de votos sin precedentes y con pilas de dinero lavado. El dinero sólo debería haber sido motivo suficiente para que el IFE investigara dada la evidencia de que dinero del narcotráfico podía haber penetrado el sistema electoral.

A pesar del veredicto increíble del IFE, muchos de los comentarios post-electorales mostraron una inclinación a creer en los resultados electorales. Cuauhtémoc Cárdenas —víctima misma del fraude en 1988— dijo que su partido debió haber sabido que López Obrador perdería porque así lo indicaban las encuestas. En realidad las encuestas no indicaban eso. Con algunas excepciones, las encuestas fueron erráticas e inexactas. Uno de los argumentos contra el veredicto oficial fue precisamente que las encuestas habían sido manipuladas para persuadir al electorado de la invencibilidad de Peña Nieto. En realidad, las encuestas nunca podrían haber medido nada correctamente sin tomar en cuenta el esquema multimillonario de compra de votos.

Anda un chiste circulando en México que el 1ero de diciembre habrá que atrasar el reloj 83 años, que es el año cuando se fundó el PRI. La verdad es que en 1930 México estaba en medio de reformas serias sobre la posesión de la tierra, educación, etcétera.; López Obrador estaría más a tono con el PRI de esa época. Por la dependencia en los mercados, el capital extranjero y por la democracia simulada, la fecha más apropiada sería 1876 debido a la impresionante similitud entre la época que se avecina y el período pre-revolucionario.

Lo que lograron el IFE y el resto de la burocracia electoral es hacer un México seguro para una dictadura como la del general Porfirio Díaz. Y para lograr "flexibilidad laboral" (como se busca con la última reforma laboral de Calderón) e inversión extranjera, Peña Nieto no tiene más que voltear a los 35 años del porfiriato.

En los tiempos de Díaz había elecciones, él mismo era su propio IFE y declaraba que cada elección era limpia, justa y honesta. Hoy en día, se necesita una monstruosidad legal, administrativa y judicial con un presupuesto de 1,200 millones de dólares y miles de empleados para decir lo mismo y con la misma credibilidad que en los tiempos de don Porfirio.

Epílogo I: Lavado de dinero

En su escrito el Dr. Robert Sandels proféticamente hizo alusión al posible uso de dinero lavado en la compra de votos, y recriminó al IFE por no investigar la evidencia de que dinero del narcotráfico hubiera sido usado en la campaña electoral del 2012; no fue sino hasta el 2015 que tal investigación se inició . . . en España.

Figura 64. Gabino Antonio Fraga Peña, coordinador de campaña de Peña Nieto en 2012, acusado de blanqueo de capitales por medio de la filial española de la Banca Privat d'Andorra

Gabino Antonio Fraga Peña, uno de los jefes de campaña de Enrique Peña Nieto fue señalado por autoridades de España por participar en operaciones presuntamente ilícitas. Según nota del diario español El Mundo [147] Fraga Peña habría participado en la triangulación de 445 mil euros de procedencia ilícita probable para la campaña de Peña Nieto; tal operación habría sido por medio de la Banca Privat d'Andorra a través del Grupo de Abogacía Profesional (GAP) y Banca Monex.

La denuncia española concuerda con la de López Obrador del 2012, que acusó de inyección de fondos ilícitos a la Importadora y Comercializadora Efra que tiene el mismo domicilio del bufete GAP, y con el reporte del 20 de julio de 2012 de *La Jornada* que dio a conocer que tanto Efra como Grupo Comercial Inizzio habrían usado al Banco Monex para transferir al menos 160 millones de pesos a la campaña presidencial de Peña Nieto.

Como se mencionó, en febrero del 2013, el TEPJF concluyó que los 66.3 millones de pesos distribuidos a través de las tarjetas Monex durante la campaña electoral de 2012 no habían tenido origen ilegal.

Epílogo II: Del IFE al INE

La frase "nunca desaproveches una buena crisis" ha sido usada recurrentemente por políticos y economistas que se adjudican su paternidad temporal. Pero aunque los récords históricos apuntan a Winston Churchill como el primero que la usó, fue Emmanuel Rahm, mayor de Chicago, quien la trajo de nuevo a la escena internacional en el 2008 agregándole la explicación: "...es una buena oportunidad para hacer cosas que no podrías hacer antes". Y así fue como Peña Nieto, aprovechando la crisis creada por el fraude, llamó a la oposición a unirse en un Pacto por México y reformar el IFE, la educación, la energía, la economía, ... ¡todo!

Como se explicó en el Capítulo 1, la fórmula Fraude-Reforma fue usada por Carlos Salinas de Gortari para borrar las sospecha de fraude creando el Instituto Federal Electoral en 1990 y haciendo reformas electorales en 1993 y 1994. De la misma manera, después del fraude Peña Nieto creó un inocuo Instituto Nacional Electoral (INE) para reemplazar al inicuo IFE.

Aunque la propuesta de que el IFE se convirtiera en INE fue planteada por el PRD en 2006, el cambio no se dio sino hasta que éste se volvió moneda política; por ejemplo el PAN la usó como carta de negociación en el Pacto por México a cambio de aprobar la reforma energética. Las modificaciones principales permiten que el INE tenga injerencia en elecciones locales, en la formación del consejo general del INE y órganos estatales, cierto control en recursos de campaña, y tenga la posibilidad de organizar elecciones internas de partido. En suma, el nuevo INE no resuelve los problemas del viejo IFE, sino que adquiere mucho más control en elecciones locales, estatales e internas de partido.

La elección del 2018

Tomando las palabras del epígrafe del candidato priista como proféticas, si Meade piensa defender lo construido por Peña Nieto, este 1 de julio de 2018 tendremos una elección igual de fraudulenta que la del 2012. Entre las múltiples novedades que se vislumbran para la elección del 2018, están las modificaciones al PREP, la participación de candidatos independientes, la nueva amenaza de Hildebrando y sus fraudes cibernéticos, la participación del primer candidato del PRIAN, la apertura de Andrés Manuel López Obrador, y la formación de una coalición absurda entre el PAN y el PRD. Pero aun dentro de tal confusión, la experiencia de elecciones anteriores nos indica de manera muy clara cuál será el camino del fraude.

PREP de "Nueva generación"

En la *Ley General de Instituciones y Procedimientos Electorales* de 2014 se establece que el entonces recién creado Instituto Nacional Electoral emita reglas, lineamientos y criterios en materia de resultados preliminares, y se hace distinción entre el Programa de Resultados Electorales Preliminares y el Conteo Rápido. El PREP es un mecanismo de información electoral encargado de proveer los resultados preliminares y no definitivos, de carácter estrictamente informativo a través de la captura, digitalización y publicación de los datos asentados en las Actas de Escrutinio y Cómputo de las casillas que se reciben en los Centros de Acopio y Transmisión de Datos. Mientras que los conteos rápidos podrán ser realizados por personas físicas o morales cuando el INE determine su viabilidad y apruebe las metodologías y los financiamientos usados, o por el mismo INE basados en las actas de escrutinio y cómputo de casilla.

Basado en lo anterior, el INE empezó a modificar el modo de operación del PREP en 2017, presentando en el 2018 a un "PREP de nueva generación" con tecnología de punta. Entre los cambios está el uso de la digitalización y transmisión de imágenes de las actas de escrutinio y cómputo desde las casillas a través de teléfonos celulares, mediante una aplicación denominada "PREP casilla". Más de 38,000 capacitadores asistentes electorales serán entrenados en el uso de la aplicación para que tomen fotografías de las actas de escrutinio y cómputo de las casillas que tengan asignadas, y las envíen para su digitalización y procesamiento a los PREP correspondientes, ahorrando así el tiempo de transporte hasta los Consejos Distritales. Este método fue probado en el 2017 en varias elecciones estatales.

Otra innovación será el uso de redes sociales para la distribución de información. Por medio de convenios de colaboración, el INE dará acceso a Facebook y Google a la información del PREP en tiempo real, así como al calendario electoral, ubicación de casillas y horarios, y la transmisión de los debates presidenciales; Google operará por medio de su producto "Notificaciones" y su canal de internet YouTube.

Figura 65. Un PREP de nueva generación

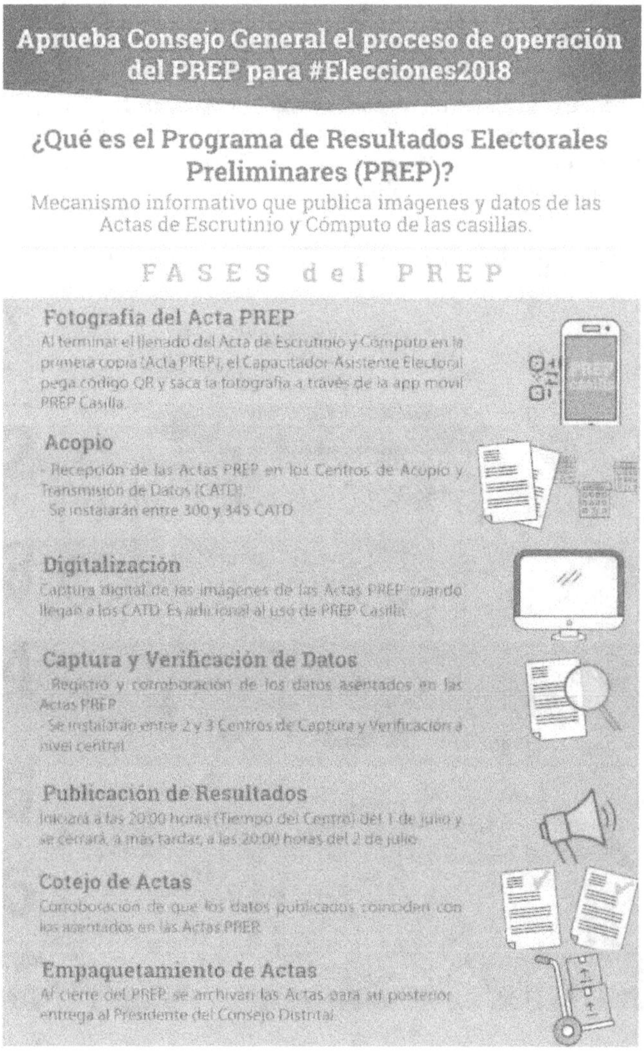

Por otro lado, la Reforma de 2014 establece que en caso de elecciones federales y locales concurrentes las votaciones ahora se lleven a cabo en una sola casilla, y no en casillas distintas como anteriormente. Debido a que el 96% de las 156,000 casillas que se montarán en 2018 serán para elecciones concurrentes, el INE propuso agilizar el conteo rápido contando primero los sufragios de la elección presidencial para transmitirlos antes de escrutar los votos de las demás elecciones; pero su propuesta no fue aceptada por el Tribunal Electoral del Poder Judicial de la Federación (TEPJF) ni por los partidos políticos.

Figura 66. El Conteo Rápido para el 2018

La propuesta del INE requería de la introducción de una etapa previa al conteo formal de las boletas en la que se abrirían todas las urnas de las diferentes elecciones simultáneas y se acomodarían las boletas que hayan sido colocadas en cajas equivocadas. Al argüir los partidos que esto constituía "manoseo" de votos y se prestaba a un fraude, el TEPJF no aprobó la petición. Debido a que los datos oficiales de las actas de escrutinio y cómputo no estarían listas sino hasta más tarde, el INE tomó la alternativa hacer el conteo rápido usando datos de unas "hojas de operaciones" que serán llenadas por funcionarios de casilla con la información de las urnas en cuanto ésta sea conocida. Argumentando que el segundo procedimiento será más lento que el propuesto inicialmente, el consejero presidente del INE, Lorenzo Córdova, auguró que el conteo rápido tan sólo podrá proporcionar una estimación basada en tan sólo el 12% del total alrededor de las 23:00 horas del día de la elección.

Esta decisión ha dado mucho de qué hablar a los políticos y comentaristas. Pensando en el primer método propuesto y comparando con lo que sucederá al final, ¿cuál es la diferencia en tiempo entre los dos métodos? Según Lorenzo Córdova la apertura de los paquetes daría un conteo rápido con 60 o 70% de los votos a las 24:00 horas, y usando las hojas de operaciones daría resultados con tan sólo 12% a las 23:00, ¿por qué tanta diferencia en tiempo y en exactitud? Por los tiempos parecería que la transmisión de los datos de la hoja de operaciones también tendría que esperar a que se terminara de redactar el acta de escrutinio y cómputo, lo cual no tendría por qué ser así.

El profesor de la UNAM John M. Ackerman es de la opinión que el manoseo propuesto y el retraso anunciado por Córdova no son nada más que herramientas para dar un "albazo" mediático la noche de la elección con el conteo rápido. El ejercicio estadístico está basado en un pequeño porcentaje de los resultados electorales iniciales, y se presta a una posible manipulación política por medio de la selección de casillas favorables y purga de desfavorables para obtener resultados al gusto del operador. De acuerdo con el consejero electoral del IEEM, Gabriel Corona Armenta, este *modus operandi* fue usado por el Instituto Electoral del Estado de México (IEEM) que recortó casi la tercera parte de las casillas del conteo rápido para poder anunciar el supuesto triunfo del PRI antes de la medianoche del 4 de junio de 2017. Otra denuncia relevante de Corona fue contra los capturistas del IEEM que incurrieron en errores intencionales para beneficiar a un candidato: "... tuvieron oportunidad de practicar dos veces el fraude electoral, hubo sesgos, errores que claramente tenían una intencionalidad". Todo esto hace que Ackerman sospeche que el INE prepara un operativo similar para el próximo 1 de julio: "En lugar de esperar los resultados oficiales y definitivos, que se darán en un primer momento con los conteos distritales del 4 y 5 de julio ... Córdova está empecinado en dar a conocer el resultado la misma noche de la elección presidencial ... Al apurarse a dar a conocer un resultado supuestamente oficial con base en información ni oficial ni definitiva, la autoridad solamente abonará más a las dudas legítimas acerca de su propia honestidad e independencia, así como con respecto a la certeza del resultado electoral".

Figura 67. La ruta nueva del INE para el Conteo Rápido y el PREP

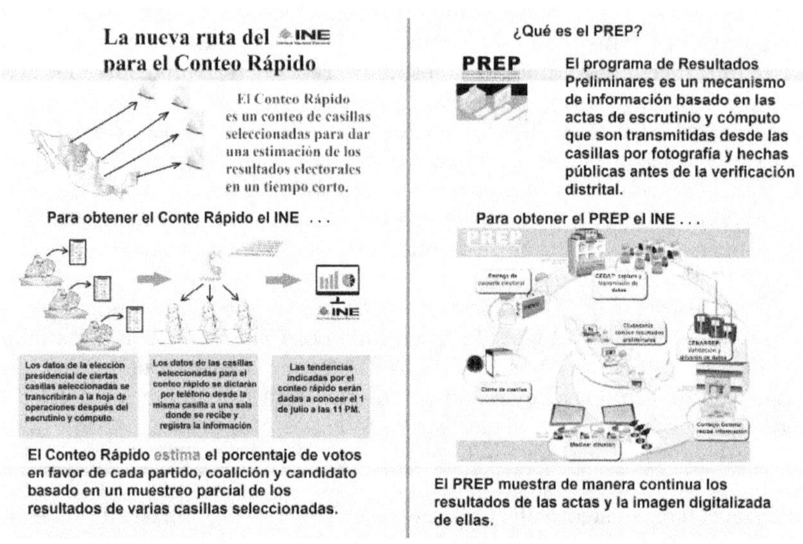

Fuente: Politico.mx

Los candidatos

Un fenómeno nuevo en la elección presidencial del 2018 es la participación de candidatos independientes. Para poder contender por la presidencia como candidato independiente, cada aspirante deberá obtener un mínimo de 866,593 firmas (1% del padrón electoral) de votantes y superando el 1% en al menos 16 estados. De los aspirantes que superaron el número requerido de firmas fueron el gobernador de Nuevo León "el Bronco" Jaime Rodríguez, el senador guerrerense Armando Ríos Piter, y la exsenadora plurinominal y esposa del expresidente Felipe Calderón, Margarita Zavala.

Por parte de los partidos, los candidatos seleccionados fueron José Antonio Meade Kuribreña por la coalición "Todos por México" conformada por el PRI, el Partido Verde Ecologista de México (PVEM) y el Partido Nueva Alianza, Andrés Manuel López Obrador por la coalición "Juntos Haremos Historia" compuesta por MORENA, Partido del Trabajo y Partido Encuentro Social, y Ricardo Anaya por la coalición "Por México al Frente" del PAN, PRD y Movimiento Ciudadano.

La Zavala y el hermano cómodo

El hecho que haya una candidata independiente con un hermano que implementó los algoritmos que llevaron a Calderón a la presidencia en el 2006, agrega una sabrosa incertidumbre a la farsa política que se avecina. Margarita Zavala es hermana de Diego Hildebrando Zavala, quien estuvo involucrado en el fraude cibernético del 2006 (ver Capítulo 2). En septiembre del 2016, cuando Zavala iniciaba maniobras políticas para posicionarse dentro del PAN, su hermano mágicamente recibía el perdón por una deuda millonaria por parte del gobierno federal. En 2006, la empresa Servicios Integrales Heres S.A. de C.V. de Chiapas obtuvo una licitación por 32 millones de pesos por la digitalización del Registro Público de la Propiedad de Yucatán. Más tarde se descubrió que los trabajadores de la supuesta empresa estaban siendo pagados por una empresa de Aguascalientes propiedad de Diego Hildebrando Zavala, lo que causó una multa de 521 millones 035 mil 643 pesos por concepto de evasión de impuestos. La multa fue perdonada a finales de septiembre por el Sistema de Administración Tributaria (SAT) sin mayor explicación [148] (¡¿Alguien ha oído que el SAT haya perdonado alguna multa?!). El hecho que el perdón llegue semanas antes del lanzamiento de Margarita Zavala como precandidata a la presidencia levanta sospechas de la existencia de un arreglo entre Zavala y el gobierno federal en miras a la elección del 2018, y que esto tenga que ver con la posible implementación de un fraude cibernético como el realizado en el 2006 a favor de Calderón, o el del 2012 que favoreció a Peña Nieto.

Sin embargo, las candidaturas, al igual que la tierra de Emiliano Zapata, son de quien las trabaja, y en su momento el Partido Acción Nacional presentó férrea oposición a la candidatura de Zavala, quien terminó deslindándose del PAN y lanzándose como independiente. Hasta el 26 de febrero de 2018 la Zavala había superado el umbral de votos con la dispersión necesaria en más de la mitad de los estados consiguiendo así la candidatura por la vía independiente.

El Bronco con herraje del PRI

Jaime Rodríguez Calderón "El Bronco" merece mención aparte. Salido de las filas del PRI fue el primer gobernador que llegó por la vía independiente. Su candidatura por la gubernatura de Nuevo León aparentemente fue concebida por el entonces gobernador (priista) de Nuevo León, Rodrigo Medina, para diluir el voto antipriista en Nuevo León y así proteger a la candidata del PRI, Ivonne Álvarez. Para su mala suerte, al conectar a El Bronco con el ahora famoso narcofiscal de Nayarit, Edgar Veytia, éste supuestamente logró obtener fondos ilegales provenientes del cártel "Jalisco Nueva Generación" que le ayudaron a ganar la gubernatura; Veytia fue arrestado en marzo del 2017 en San Diego acusado por narcotráfico.

Ahora El Bronco, o está tratando de repetir la proeza para llegar a Los Pinos, o está tratando –una vez más— de fragmentar el voto de los ciudadanos inconformes, lo cual facilita la implementación del fraude. Hasta ahora, Rodríguez Calderón es el precandidato independiente con más firmas, superando el mínimo necesario y satisfaciendo el requisito de dispersión estatal para asegurar su candidatura. Un indicio de una posible colusión con el PRI es que inicialmente logró recabar el 1% de firmas primero en el Estado de México que en su propio estado de Nuevo León; esto podría indicar que ese Bronco ya no lo es tanto, y que está marcado con el hierro de Atlacomulco.

Figura 68. Mensaje de Twitter de Armando Ríos Piter llamando a la unión de las candidaturas independientes

Armando Ríos Piter ✓
@RiosPiterJaguar

La fuerza que los candidatos independientes hemos conseguido es inédita para la democracia mexicana. Hago un llamado a que tengamos una sola opción independiente a la Presidencia, para hacer competitiva y real la posibilidad de sacar a los partidos políticos del poder.

9:12 AM - Jan 30, 2018

♡ 197 ○ 158 people are talking about this

Armando Ríos Piter

Armando Ríos Piter irrumpió en la escena nacional en el año 2000 como funcionario en el gobierno del estado de Guerrero, llegando a ser diputado federal por el Partido de la Revolución Democrática entre 2009 y 2012, y senador desde el 2012. En febrero de 2017 Ríos Piter renunció al PRD para organizar el movimiento "Jaguar" y presentar oposición a las políticas migratorias del presidente de Estados Unidos Donald Trump. En mayo del mismo año expuso su deseo de lanzarse como candidato independiente a la presidencia con el plan de llegar a postular a 300 candidatos independientes a diputados federales y 64 senadores, y en enero del 2018 convocó a El Bronco y a Zavala a lanzar una candidatura única a la presidencia que pudiera hacer frente a los partidos políticos. De manera sorprendente, hasta finales de febrero, Ríos Piter había logrado obtener más de 92 mil firmas verificadas que Zavala y tan sólo 50 mil menos que el Bronco.

Figura 69. Caricatura de XOLO "Ritual desde las alturas", en alusión a la selección por dedazo de José Antonio Meade como candidato del PRI

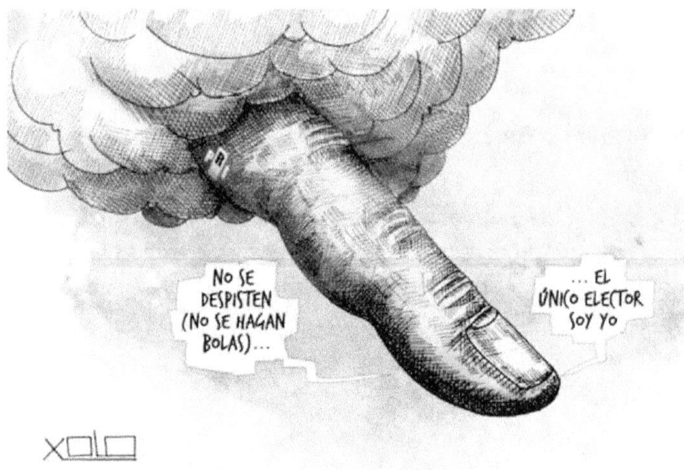

El dedazo del PRI: *"Mid"*

José Antonio Meade Kuribreña fue ungido como candidato del PRI con el ritual desempolvado del destape seguido por la cargada, todo orquestado (en apariencia) por Enrique Peña Nieto; la ratificación de su candidatura se dio el 18 de febrero en tan sólo minuto y medio de la convención nacional del PRI. Oficialmente Meade es candidato de la coalición "Todos por México", conformada por el PRI, PVEM y PANAL.

Meade (comúnmente pronunciado "Mid", como en inglés) fue Secretario de Energía, y Secretario de Hacienda y Crédito Público en el sexenio de Felipe Calderón, para continuar como Secretario de Relaciones Exteriores, Secretario de Desarrollo Social (Sedesol) y Secretario de Hacienda y Crédito Público durante el mandato de Enrique Peña Nieto. El hecho que Meade haya sido funcionario bajo presidencias del PRI y del PAN lo califica de facto como el primer candidato del PRIAN. Las críticas al gastado ritual priista del dedazo no se hicieron esperar, por ejemplo el candidato independiente Ríos Piter calificó al destape como una política faraónica que seguía replicando fórmulas del pasado.

Mid llega a la campaña con una pesada carga a cuestas. En septiembre de 2017 el periódico digital independiente *Animal Político* y la organización Mexicanos Contra la Corrupción y la Impunidad dieron a conocer lo que llamaron "La Estafa Maestra", un desvió de 3 mil 433 millones de pesos (unos 260 millones de dólares) del erario público de 11 dependencias federales que pasaba por universidades públicas hacia 128 empresas privadas que, o no tenían la infraestructura ni personalidad jurídica para dar los servicios para los cuales fueron contratadas, o simplemente no existían. Los supuestos ilícitos ocurrieron entre 2013 y 2014, y un adicional de 540 millones de pesos fueron triangulados por tres universidades a empresas fantasmas en 2015 cuando la Sedesol estaba encabezada por el candidato Mead. En su defensa, el priista asegura que los hechos no han sido probados y están bajo investigación, que dos de los contratos no son atribuibles a Sedesol, que los atribuidos a Sedesol fueron anteriores a su periodo, y que las dependencias federales firmaron convenios legales, implicando con esto que las responsables serían las instituciones educativas. A manera de réplica *Animal Político* presentó evidencia que al menos el pago a la Universidad Politécnica de Chiapas, que involucra más de 400 millones de pesos, se realizó durante el mandato del candidato. El Auditor Superior de la Federación,

Juan Manuel Portal, calificó la Estafa Maestra como "un claro acto de corrupción".

La Estafa Maestra, aunada a supuestos desvíos millonarios del exgobernador de Veracruz (ahora detenido) Javier Duarte, del exgobernador de Quintana Roo Roberto Borge (también preso), y del exgobernador de Chihuahua Cesar Duarte (bajo orden de aprehensión), dejan en mala situación al PRI al poner en evidencia la posible ruta seguida para la adquisición de fondos ilegales para las campañas electorales del sexenio de Peña Nieto. El poder federal se auto-inculpó en el problema de los desvíos al crear un pleito de lavadero contra el actual gobernador de Chihuahua, Javier Corral Jurado, suspendiendo el pago de 700 millones de pesos al Estado de Chihuahua como represalia por la aprehensión de Alejandro Gutiérrez Gutiérrez, ex Secretario General del PRI y supuesto operador de las triangulaciones realizadas por el exgobernador chihuahuense. Meade a su vez se hundió en el fango al intervenir (sin tener nada que ganar) para atacar a Corral Jurado en una defensa implícita del prófugo Duarte.

Como respuesta al descrédito de tan mala publicidad contra su partido, la campaña de José Antonio Meade inició sin empuje preocupando tanto al PRI como a Los Pinos. Un problema adicional es la cercanía del candidato con el presidente Peña Nieto, cuya imagen está muy desgastada por escándalos de corrupción, inseguridad, y economía maltrecha, problemas que Meade ha ayudado a crear con su impulso a las reformas que aumentaron impuestos y encarecieron la electricidad, gas y gasolina en todo el país. En sí, Meade no se ha mostrado comprometido con las causas sociales, y en sus discursos lacónicos tan sólo ha insistido en la continuidad como ruta única para detonar el desempleo y robustecer la economía, es decir, más de lo mismo.

Debido a todo esto, no es sorpresa que las primeras encuestas de pre-campaña (antes de que lleguen las compradas) mostraron a Meade durante todo febrero muy por debajo de López Obrador. Tal situación inclusive mereció una fuerte reacción de Washington por medio del director nacional de Inteligencia del gobierno de EEUU, Daniel Coats, quien vaticinó la derrota de Meade debido a la corrupción, inseguridad e inestabilidad económica que azota a México.

El autodedazo de MORENA

Una vez acalladas las rencillas internas suscitadas por el AMLO-dedazo que señaló a Claudia Sheinbaum como candidata a la Gubernatura de la Ciudad de México por MORENA, Andrés Manuel López Obrador fue investido el 18 de febrero como candidato a la presidencia por tercera vez por la coalición "Juntos Haremos Historia" compuesta por MORENA, Partido del Trabajo y Partido Encuentro Social.

La gran sorpresa de esta tercera campaña de López Obrador es el apoyo que priistas, perredistas, panistas, verde ecologistas, empresarios y hasta actores le dieron a AMLO y a su Acuerdo Político de Unidad Nacional por la Prosperidad del Pueblo y el Renacimiento de México. Políticos de la talla de Cuauhtémoc Cárdenas, fundador y expresidente del PRD, Alejandro Encinas, exjefe de perredista del Gobierno de la Ciudad de México, Enrique Vargas, Secretario General del PRD capitalino, fundadores del PRD Pablo Gómez, Ifigenia Martínez, y Leonel Godoy y muchos más, renunciaron al PRD para firmar el acuerdo.

Producto de un plan aparente para abrir canales de comunicación, López Obrador logró atraer –con ofrecimientos de por medio— a antiguos detractores descontentos con sus partidos. Por ejemplo, el senador de Guanajuato Miguel Ángel Chico renunció al PRI después de 40 años, al PAN renunciaron la senadora Gabriela Cuevas Barrón después de 23 años de militancia, el senador jalisciense José María Martínez tras 27 años, y el expresidente del PAN y exSecretario de Calderón Germán Martínez Cázares, todos para unirse a MORENA. Inclusive empresarios como Alfonso Romo Garza (agroindustrial megamillonario simpatizante del Opus Dei y expromotor de Amigos de Fox), Lino Korrodi (expanista y amigo de Fox), y Esteban Moctezuma (expriista del gabinete de Ernesto Zedillo Ponce de león y conectado al consorcio televisivo Azteca) se han unido al Frente no tan sólo como firmantes del acuerdo, sino como diseñadores del Proyecto de Nación de MORENA y asesores de AMLO. El candidato públicamente convocó a empresarios como Carlos Slim, Germán Larrea y Alberto Baillères a "lograr un acuerdo para sacar adelante al país".

Además de los apoyos individuales, ha habido promesas de apoyos masivos. Sin confirmación oficial, se rumora que 6 mil perredistas de Hidalgo y 50 mil del Estado de México se van a Morena. Asimismo, en enero se dio un inesperado apoyo verbal del ex presidente del PAN, Manuel Espino, quien dijo que AMLO "no es un peligro para México", y que "representa una esperanza de cambiar el derrotero de la política mexicana, de cambiar el sistema político que tenemos"; de darse el apoyo oficial de la organización de Espino, Ruta 5, ésta aportaría más de 800 mil votos a favor del político de Macuspana.

De mayor importancia son las declaraciones de Fernando González, yerno de Elba Esther Gordillo y exsubsecretario de Educación Pública, y de Rafael Ochoa, exsecretario general del Sindicato Nacional de Trabajadores de la Educación (SNTE), quienes le han ofrecido el capital político electoral de su organización magisterial al tabasqueño a cambio del desmantelamiento de la Reforma Educativa de Peña Nieto. De darse, más de 1.2 millones de votos llegarían por medio de la organización Redes Sociales Progresistas, que fue creada en oposición al Partido Nueva Alianza por su colusión con el PRI y su apoyo a la Reforma; la alianza entre grupos del SNTE y el fundador de Morena se firmó el 10 de febrero de 2018.

Pero sin duda, la cereza del pastel, al menos en cuanto a controversia se refiere, se la lleva el apoyo que los mineros y su líder sindical le darán al "Peje". Napoleón Gómez Urrutia, hijo del líder sindical del Sindicato Nacional de Trabajadores Minero, Metalúrgicos y Similares de la República Mexicana (SNTMMSRM) Napoleón Gómez Sada, es un economista que estudió en México y en Oxford, Inglaterra, fue director de la Casa de Moneda durante 12 años pero fue desterrado de la cúpula del poder por Carlos Salinas de Gortari en 1992 y, tras unirse al SNTMMSRM, llegó a heredar el trono de Napoleón I en 2002. Su suerte cambió en 2006 cuando se enfrentó a Germán Larrea dueño de la Minera México (la tercera productora de cobre en el mundo) por la muerte de 65 mineros en una explosión en la mina Pasta de Conchos. Tras estos hechos, apareció *ipso facto* una denuncia en contra de Gómez Urrutia por malversación de fondos sindicales por 55 millones de dólares, que lo hizo autoexiliarse en Canadá, desde donde ha manejado al sindicato. A pesar de que las autoridades canadienses lo han exonerado de toda culpa, Napoleón II no ha regresado a México, y es ahí precisamente dónde entra López Obrador a escena. A finales de febrero MORENA hizo pública la lista de candidatos al senado por la vía plurinominal, y en la posición seis de la lista se encontraba el nombre de Napoleón Gómez Urrutia. El trato parece no tener riesgo para el líder sindical, pues al ser plurinominal su llegada al senado está prácticamente asegurada, con lo cual obtendría fuero y podría regresar a México sin ser perseguido por las autoridades. Para el tabasqueño el riesgo sería perder a los votantes indecisos que caigan víctimas de la propaganda negativa que ya ha sido montada por los medios oficialistas contra la incorporación de Napoleón II a MORENA. Pero al parecer la apuesta vale la pena pues, de salirle bien el plan, López Obrador se echaría a la urna aproximadamente 80,000 votos de los mineros, más el apoyo de los sindicatos de Canadá y EEUU y toda la influencia que éstos ejercen sobre sus respectivos gobiernos.

El amasiato PAN-PRD

Acción Nacional y el Partido de la Revolución Democrática, por su parte, decidieron formar una alianza junto con Movimiento Ciudadano bajo el nombre de "Por México al Frente". Las alianzas PAN-PRD no son nuevas, en el pasado los polos opuestos izquierda-derecha han compartido 20 candidatos a gobernadores, pero nunca uno a la presidencia. En esta ocasión se acordó que el PAN organizara la selección del candidato presidencial y el PRD el del Gobierno de la Ciudad de México.

La decisión del PRD fue considerada como una "enorme torpeza" por su fundador Cuauhtémoc Cárdenas Solórzano por la incompatibilidad de las filosofías de los partidos. Algo que explicaría la actitud del PRD al aceptar la coalición, sería tratar de aminorar la pérdida de fuerza política que ha representado la fuga de capital humano del PRD hacia MORENA. En sí, esta elección podría marcar el inicio del final del partido del Sol Azteca, que se tendría que convertir en partido satélite, al estilo del Verde Ecologista, para poder sobrevivir por medio de coaliciones.

En el PAN la idea no fue tan mal recibida como en el PRD. Aunque la entonces pre-candidata Margarita Zavala aprobó en primera instancia el acuerdo, su marido criticó que el Presidente del PAN, Ricardo Anaya, hubiera secuestrado el proceso de selección del candidato para auto nominarse. La lucha Anaya-Zavala no fue sino el primer episodio de una historia que a la fecha aún no termina.

Ricardo Anaya llegó a la presidencia del PAN en 2015 y tras una serie de triunfos electorales en 2016 se transformó en la imagen joven del partido. Tras ver caer en picada al PRD (que aparecía con menos de 7% en las preferencias) promovió la coalición asegurándose que Acción Nacional fuera el encargado de nombrar al candidato presidencial.

La lucha abierta contra Margarita Zavala se inició en 2017 cuando ésta responsabilizó a Anaya de lograr un triste tercer lugar para el PAN en la elección del Estado de México. Exigiendo la renuncia de Anaya, Zavala acusó la falta de método de selección y, junto con otros aspirantes, exigió abrir la elección a los ciudadanos. Anaya, astutamente usó sus poderes presidenciales para postergar la selección de candidato hasta diciembre de 2017, meses después de la fecha límite del 8 de octubre para el registro de candidatos independientes, forzando a Zavala a tomar la decisión de abandonar el PAN y eliminando así a su competidora de mayor peligro. La salida de Zavala fue considerada desde "un desastre histórico" por simpatizantes, hasta un "alivio" por el primer gobernador panista Ernesto Ruffo, quien acusaba a la dupla Calderón-Zavala de haber tomado al PAN como un negocio familiar. Sin Zavala de por medio, Ricardo Anaya no tuvo problemas en eliminar al perredista Miguel Ángel Mancera, actual Jefe de Gobierno de la Ciudad de México, y quedarse con la candidatura de la alianza Por México al Frente de PAN-PRD-MC.

Pero la lucha contra Zavala no fue sino un pequeño anticipo de lo que se le vendría encima al candidato panista. Desde su asunción a la presidencia del partido, Anaya fue cuestionado por tener a su familia viviendo en Atlanta, Georgia en EEUU desde 2015, pagando 960 mil pesos al año por la colegiatura de sus hijos, viviendo en una casa de cinco recámaras e igual número de baños con una renta aproximada de 2 millones 560 mil pesos, y gastos de viaje en avión semanales. Debido a que su declaración de intereses (3de3) ponía sus ingresos familiares en unos 2 millones 600 mil pesos, la pregunta era ¿de dónde salen los otros 2 millones y pico necesarios para sufragar todos esos gastos? Estas dudas nunca fueron aclaradas completamente, y su familia regresó a México en 2017.

Bajo el mismo tenor, en febrero de 2018 salió a la luz pública una transacción del 2017 por medio de la cual Anaya compró un terreno, construyó una nave industrial, y la vendió en 54 millones de pesos, lo cual no tendría nada de especial, excepto que el comprador es una empresa de un amigo de Anaya clasificada por el Servicio de Administración tributaria como "fantasma" e incluida en la lista de empresas dedicadas al lavado de dinero. Aunque a un primer vistazo, Anaya no es culpable de vender un inmueble a la persona "equivocada", el impacto sobre su campaña ha sido negativo. Desafortunadamente para él, viniendo el ataque de las autoridades federales, no se ve que sus problemas se vayan a acabar pronto.

El efecto de la fragmentación

Con pocas probabilidades de triunfo, se espera que el efecto principal de los candidatos independientes sea una pulverización del voto en la elección de 2018. Por ejemplo, el voto panista sin duda se dividirá entre

166

la coalición PAN-PRD-MC y Zavala; también simpatizantes del PRD podrían fraccionarse entre la coalición y MORENA. De igual manera, El Bronco podría robarle a AMLO los votos de los inconformes al PRI. El beneficiado de toda esta fragmentación podría ser el tricolor ya que los independientes parecen no tener impacto directo sobre el "voto duro" de este partido, que llegará con el número de militantes registrados intacto.

Pero independiente de éste y cualquier otro análisis ligero o denso, es seguro que se dará un fraude más como los que hemos venido estudiando en capítulos anteriores. En mis sueños más exóticos me imagino una contienda extraña en la que Meade y el fraude "a la antigüita" del PRI compitan contra Zavala y su fraude cibernético. Pero veamos un panorama más realista acerca de lo que puede suceder.

Figura 70. Caricatura de James "La melcocha", que muestra al presidente del PRI Enrique Ochoa Reza preparando el fraude del 2018 con la misma receta usada en el 2017 en Coahuila y en el Estado de México

El fraude anunciado

Cronológicamente, la tragicomedia debe iniciarse con las cargadas sindicales, campañas electorales, flujo de dinero ilícito para ser usado en propaganda, compra de votos, y encuestas arregladas de manera predeterminada para que Meade, Zavala, Anaya o quien sea el seleccionado poco-a-poco alcancen y superen a AMLO sin levantar sospechas. Esto deberá ser seguido por visitas y declaraciones de los expertos de siempre: José María Aznar, Felipe González, José Luis Rodríguez Zapatero y otros miembros del Club de Madrid, al igual que Vicente Fox y Mario Vargas Llosa, quien de forma segura vendrá preparado con algún adjetivo nuevo bien seleccionado literariamente para adjudicárselo a López Obrador. Con semanas de antelación el *software* apropiado para el robo de la elección será instalado en algún servidor secreto que escapará de la rutinaria revisión de los computólogos de la UNAM. Semanas antes de la elección se formarán los clubes y grupos de apoyo a la compra de votos y se asignarán cuotas de votos y tarjetas electorales a recabar. Durante el domingo electoral se implementarán dispositivos para la sustitución de representantes de casillas, se iniciarán los acarreos, el carrusel, intimidación de votantes, embarazo de urnas, puestos de compra de fotos de boletas electorales, falsificación de actas, y —de ser necesario— el robo y quema de urnas. Durante la jornada electoral el INE empezará a modificar los resultados presentando resultados de una competencia cercana pero a favor del candidato seleccionado a ganar. Alrededor de las 11 de la noche, con datos cuchareados de tan sólo 12% de las casillas, se declarará perdedor a López Obrador dándole el triunfo al candidato seleccionado. Durante la noche habrá una actividad febril en los distritos electorales donde los paquetes que serán impugnados serán abiertos y sus boletas reemplazadas por otras previamente preparadas con el voto adecuado. En los días siguientes el espectáculo se trasladará a cada distrito electoral donde los datos de los paquetes serán pasados una segunda vez por la maquinaria cibernética fraudulenta del INE, y —al igual que el redentor— al tercer día se proclamará la ascensión del nuevo rey. En las semanas posteriores el Tribunal Electoral del Poder Judicial de la Federación se encargará de poner caradura a todos los alegatos de fraude, multará a MORENA por alguna causa ridícula y el cuento se habrá acabado. En los meses posteriores el nuevo títere llamará a la unión de los mexicanos, formará algún frente o plan nacional, le cambiará de nombre al INE, repartirá algunas posiciones de bajo perfil entre aquellos ex enemigos políticos que se alineen, y se sentará a recibir órdenes de Washington acerca de cuál nuevo recurso nacional le interesa, volviendo de facto al business as usual.

Lecciones de los fraudes

Los que votan no deciden nada,
los que cuentan los votos deciden todo.
JOSEPH STALIN

ME explicaba un colega brasileño que una ventaja, tal vez la única, de la monarquía sobre la democracia es que en la primera tan sólo una familia se hace rica, mientras que en la segunda el botín se vuelve sexenal. Esa es la razón última de nuestros fraudes, con corrupción rampante, el que gobierna parte y reparte y se queda con la mayor parte.

Las consecuencias de este estado de cosas están a la vista del que lo quiera ver. Como pueblo hemos tomado leche radiactiva, gastado millones comprando "detectores moleculares" inservibles, erosionado bosques, regalado bancos, quemado a decenas de niños en guarderías mal diseñadas, construido casas con varillas radiactivas, contaminado ríos y playas, sufrido pandemias imaginarias, inundado ciudades a propósito, recibido extorsiones por liberar capos de la cárcel [149], matado a miles en colapsos de edificios en terremotos, matado mineros, agotado acuíferos, explotado San Juanicos, usado horarios de verano inútiles, inundado el golfo de petróleo, y pagado intereses excesivos en deudas nacionales inventadas *ex profeso*. Y todo esto tan sólo por no saber cómo cuidar al gobierno.

En este capítulo trataremos ir de lo particular a lo general para extraer lecciones útiles que nos permitan mejorar este pobre estado de cosas. Aunque no entraremos en política, estas observaciones servirán luego para hacer recomendaciones acerca de modificaciones legales y otras aplicaciones prácticas.

Empezaremos con un estudio de Luis Mochán en el que aprenderemos que, al hablar del fraude de 2006, como dijo Gerardo Horvilleur [150], el problema no es la honorabilidad del millón de funcionarios de casillas, sino el millón en sí.

Figura 71. Martín Hardy y Gerardo Horvilleur preguntando ¿cuál es la precisión del IFE como instrumento de precisión? [150]

Después continuaremos con lo aprendido acerca de la psicología de una elección estudiando cómo se debe de comportar un proceso electoral y cómo debemos de auscultar los datos de los comicios para obtener información de posibles alteraciones; características que serán de mucha utilidad en elecciones futuras.

La exactitud de una elección

Debido a que en 2006 la votación final fue de 15,000,284 para el PAN y de 14,756,350 para el PRD, el chascarrillo de la época ponía a Pepito —el de los chistes— diciendo que Calderón le ganó al otro "por un pelito", y cuando le respondieran que eso no era posible porque el "ganador" estaba prácticamente calvo, Pepito respondía "¡pero es que traía peluca!".

La pregunta a responder es si en realidad podemos medir el tamaño del "pelito" con nuestro instrumento de medición. Hablando en números, si los "errores" de conteo sobrepasan la diferencia liliputiense entre "ganador" y "perdedor", nunca podríamos saber bien a bien quien ganó, a menos que se hubiera recurrido al voto-por-voto.

Figura 72. Luis Mochán en el 2006 mostrando las anomalías del PREP [151]

En un enésimo estudio más —el único de estos temas que publicó en una revista arbitrada [152]— Luis Mochán nos cuenta cómo cuenta esas cuentas y cae en la cuenta que es puro cuento.

Incertidumbre y errores en elecciones

Todo proceso de medición lleva asociado una incertidumbre; ésta está implícita en el instrumento de medición. Por ejemplo, cuando uno viaja en auto es imposible medir la distancia recorrida con el odómetro del vehículo a distancias menores de décimas de kilómetros. Así pues, si el medidor indica 79826.3 al salir y 79975.9 al llegar, lo mejor que podemos decir es que recorrimos una distancia que está entre 149.6000 y 149.6999 kilómetros. En este caso, si afirmamos que la distancia es 149.6 km incurriríamos en un error con un rango entre 0.0 y 0.1, y un promedio (incertidumbre) de 0.05; con esto la medición se reportaría como 149.6 ± 0.5 km.

Pero, ¿cómo evaluar la incertidumbre en casos donde no hay una regla para medir ni división mínima? Aunque no hay un método universal, por lo general se trata obtener una estimación de lo que variaría el resultado bajo las condiciones conocidas. Por ejemplo, para estimar los costos de un viaje que se está planeando, se podrían obtener los costos mínimos y máximos esperados para cada rubro (hotel, transporte, etcétera), comparar la variación de precios con el precio promedio, y usar esa razón como la incertidumbre del costo del viaje. En casos en los que se puede repetir la medición, usualmente se obtiene el promedio y desviación estándar de todas las medidas y se toma ésta última como la incertidumbre.

Volviendo a la elección, el instrumento de medición fueron – desafortunadamente— los miles de insaculados del IFE, y aunque saben contar a la perfección, no están exentos de errores, lo que introduce una incertidumbre. El problema entonces radica en evaluar la incertidumbre del millón de funcionarios de casillas; como se verá enseguida, el Dr. Mochán lo logró con simples sumas y restas usando la redundancia que exhiben los datos electorales.

El PREP no es virgen, fue violado

La máquina enajenadora[1] nos vendió al sistema electoral como la institución perfecta e infalible y al PREP como el *non plus ultra* de la automatización. Más cuando aparecieron los errores el IFE no dio la cara y en respuesta lanzó una campaña alienadora más. René Miranda, el ingenuo (o ¿desvergonzado?) coordinador del PREP dijo públicamente [153]:

"El sistema fue blindado, preciso e inviolable ... Es imposible hacer algún tipo de manipulación ..."

[1] Claro, la televisión. ¿Usted todavía sigue viendo a Televisa y TVAzteca?

Por eso, y para convencer a los que aún no se sustraían al embrujo inducido por la caja que emboba, Luis empezó por demostrar que el PREP no es tan blindado, preciso y mucho menos tan inviolable como nos lo pintaron.

Muchos de los internautas seguidores del PREP lograron ver como ciertos números mostrados se comportaban de manera irracional. En particular, hubo varios incidentes en que los números totales de votos recibidos por los candidatos disminuían de una actualización a la siguiente. Antes de gritar ¡fraude!, Luis capturó tales cifras y calculó el número de votos recibido en cada actualización, algunos de estos resultados se muestran en la figura.

Figura 73. Votos recibidos en las actualizaciones mostradas. Nótese que algunos "incrementos" son negativos (¡!)

Actas procesadas	Votos por casilla			Hora
	PAN	PRI	PRD	
127724	115	60	115	13:57
127732	-605	-2416	-501	12:33
127752	378	1032	328	14:03
127772	-167	-875	-219	12:39

Es fácil ver en esos números que hay una contradicción entre el número de actas procesadas (las cuales siempre aumentan), los votos recibidos (algunos negativos), y la hora de esas actualizaciones, que no están en orden. Aparentemente, los operadores tras bambalinas habían decidido eliminar votos provenientes del extranjero reduciendo así el total de actas, para ingresarlos más tarde generando otra serie de errores.

Aunque inofensivos, estos errores en el reporte del PREP existieron y muestran que sí hubo intervención humana en el PREP y que sí era posible eliminar y añadir datos; cosas que nunca fueron admitidas por el IFE. Esto hace que agreguemos a los operadores del PREP como miembros de club de los causantes de error.

Confiabilidad del PREP

La base de datos del PREP que fue puesta al alcance del público por el IFE contenía 117,287 registros, faltaban 13,201 registros para completar las 130,488 casillas instaladas más las 300 que incluyeron los votos del extranjero. La causa principal de las casillas ausentes fue la detección de inconsistencias que impidió que esas actas fueran enviadas al PREP; esas casillas "inconsistentes" fueron las que estudió Romero.

Estos números ponen una cota a la confiabilidad del PREP: $13{,}201/130{,}488 \times 100 = 10.1$ por ciento. Es decir, en la elección del 2006 los resultados del PREP fueron confiables más menos un error del 10.1 por ciento. Debido a que la diferencia entre candidatos reportada por el PREP fue del 1.04% y el error fue del 10.1%, el resultado del PREP fue de 1.04±10.1, por lo que no tenía sentido hablar de un ganador usando solamente al PREP ya que el error (10.1%) era mucho mayor que la medición (1.04%)[2].

Pero hay más. Entre los registros que sí están incluidos en la base de datos, 24,148 están incompletos con 31,302 campos numéricos vacíos; la distribución de estos errores —porque olvidarse llenar un campo obligatorio es un error— está mostrada en la figura. Con esto, la (in) certeza de la elección es ahora: $(13201+24148)/130488\times100 = 28.6$ por ciento. Viendo esto, parece que los funcionarios de casilla en realidad no eran tan buenos para contar como lo trataron de hacer creer los anuncios de la tele.

---

[2] Aunque esto no enteramente correcto, pues el 1.04% se obtuvo contando votos y el 10.1% contando casillas, la correlación promedio entre casillas y votos mantendría este resultado.

Figura 74. Distribución de errores en el PREP
encontrados en el estudio de Mochán

Boletas en urna	7.637
Boletas recibidas en apertura de casilla	753
Boletas sobrantes al cierre de casilla	1.378
Votos de candidatos no registrados	12.997
Votos anulados	4.481
Número de ciudadanos que votaron	4.056
Registros con información incompleta de boletas	8.153
Registros con información incompleta de votos	19.457
Registros a los que les falta el número de boletas depositadas o el número de ciudadanos que votaron	9.862
Campos vacíos	31.302
Registros incompletos	24.148

A los que digan que algunos de estos olvidos no afectan el conteo final, la respuesta sería: cierto, algunos afectan y otras no, pero ¿quién va a ponerse a ver 24,148 actas para espulgar las que sí afectan? Mejor nos curamos en salud y agregamos todas al número de actas no confiables.

En realidad la importancia de esos "olvidos" radica no en lo que son sino en lo que implican: en esas actas no es posible aplicar ninguna prueba de consistencia. En 8,153 de esas actas, por ejemplo, es imposible corroborar el número de boletas depositadas en las urnas, en otros 19,497 registros (15% del total) es imposible saber si el número de votos contabilizados corresponde al número de ciudadanos que votaron, en 9,862 actas (8% del total) es imposible saber si el número de boletas depositadas corresponde al número de ciudadanos que sufragaron, y en 22,147 registros (19% del total) es imposible saber si los votos contabilizados corresponden a las boletas depositadas. Sin esta información no se puede saber si hubo boletas sustraídas o añadidas de manera irregular.

Siguiendo con la lista de problemas, de los otros 109,134 registros que sí tienen información completa, hay 17,465 (16 %) que tienen votos de más, y no unos cuantos sino ¡788,077!, es decir, tres veces más que la propia diferencia que se está tratando de medir. "Afortunadamente", estos "errores" se "compensan" con los 32,758 registros (30%) donde faltan ¡716,489 votos!

Como el total de casillas con este tipo de problemas es de 50,223 (46%), el nuevo total de casillas "inciertas" asciende a 13,201+24,148+50,223 = 87,572, y la incertidumbre del PREP ahora sube a: 87,572/130,488×100 = 67.1 por ciento. La única ciencia —hasta ahora— en la que estos errores son aceptables es la astronomía, aunque parece que la ciencia política está entrando al club al defender al PREP y sus resultados.

Pero todavía hay más. De los 97,790 registros donde sí se puede comparar el número de votos con el número de ciudadanos que votaron, hay 22,419 registros (23%) en los que hay 719,857 más votos que votantes. "Afortunadamente", eso se "compensa" con los 22,391 (23%) registros en los que hay 1,043,907 más ciudadanos que votaron que votos recibidos.

Sumando estos 44,810 paquetes a la lista de inciertos, la incertidumbre del PREP asciende a: (13,201+24,148+50,223+44,810)/130,488×100 = 101.45 por ciento. ¡¿Más del 100 por ciento?! No, lo que sucede es que muchas de estas últimas actas tenían más de un tipo de error y ya habían sido incluidas con anterioridad; si buscamos con lupa, estoy seguro que podríamos encontrar algunas pocas actas que estuvieran completamente libres de pecado.

Figura 75. Resumen completo de inconsistencias encontradas en el estudio de Mochán

Pruebas	Registros verificables	Registros donde es mayor	inconsistentes	Registros donde es menor	inconsistentes
Boletas depositadas vs. recibidas - sobrantes	109,134	17, 465 (16%)	788,077	32,758 (30%)	716,489
Votos contados vs. ciudadanos que votaron	97,790	22,419 (23%)	719,857	22,391 (23%)	1,043,907
Boletas depositadas vs. ciudadanos que votaron	107,425	17,681 (16%)	876,422	26,342 (25%)	1,474,589

Aunque Luis se solaza en el juego de encontrar muchas más inconsistencias, no creo necesario alargar la letanía; los interesados pueden ver un resumen completo en la figura. Mostrando su buena fe (epistemológico[3] en extremo, para mi gusto), Luis hace un análisis final en el que supone explicaciones tentativas para tratar de reducir el número de errores encontrados (tratando, por ejemplo, de compensar el exceso y déficit de votos en casillas contiguas, etcétera). Aunque sus loables esfuerzos sí reducen el número de errores, éste continúa involucrando cientos de miles e incluso millones de boletas, votos, votantes, etcétera. Los resultados están resumidos en la figura final.

Figura 76. Inconsistencias finales luego de la depuración epistemológica del Dr. Mochán

Pruebas	Registros verificables	Registros donde es mayor	Inconsistentes	Registros donde es menor	Inconsistentes
Boletas depositadas vs. Recibidas - sobrantes	51,538	8,299 (16%)	632,682	19,117 (37%)	580,875
Votos Contados vs. Ciudadanos que votaron	42,093	11,209 (27%)	517,866	11,289 (27%)	761,954
Boletas depositadas vs. Ciudadanos que votaron	50,035	9,312 (19%)	685,298	15,838 (32%)	213,921
Votos contados vs. Boletas contadas	40,057	11,039 (28%)	345,112	5,508 (14%)	156,094

Como se vio en los capítulos anteriores, el conteo distrital también estuvo plagado de anomalías. Desgraciadamente, los datos del IFE no contenían los campos redundantes que podrían ayudar a verificar su consistencia por lo que fue imposible verificar si las inconsistencias del PREP fueron corregidas durante el recuento. Aun así, el estoico Mochán logró hacer un análisis somero encontrando —sin remedio— que las inconsistencias en el conteo distrital son del mismo orden de magnitud

---

[3] Epistemología, rama filosófica que estudia el conocimiento científico ocupándose de las circunstancias históricas, psicológicas y sociológicas que llevan a su obtención y los criterios por los cuales se lo justifica o invalida.

que las del PREP, es decir, hay decenas de miles de casillas, más del 50%
del total, en las que existen errores que afectan a millones de votos.

Las lecciones de Mochán

Del agotador ejercicio de Mochán se desprende que el sistema de medición
del IFE tiene una exactitud que dista mucho de ser perfecta, y que el
tamaño de su imprecisión es cuantificable gracias a la redundancia de
los datos del PREP. El estudio también dejó en claro que la información
del conteo distrital carecía de la redundancia del PREP. Las lecciones
inmediatas son la necesidad de asegurar que la información del conteo
distrital contenga la misma redundancia que la del PREP, y la necesidad
de determinar una métrica estándar para medir el error de la elección.

Medidas en esta dirección fueron tomadas en cuenta en la reforma de la
ley electoral de 2007-08. Tal ley estableció que se recurrirá al conteo total de
la elección –el elusivo voto-por-voto— cuando la diferencia entre el primero
y el segundo lugar en el distrito sea menor a 1%, o cuando el número de
votos nulos sea mayor a la diferencia entre el primero y el segundo lugar,
así como muestras de alteración a los paquetes e inexistencias de actas.
Aunque el 1% sea muchísimo menor que cualquiera de los errores puestos
al descubierto por Mochán en 2006, es un primer paso significativo en la
dirección correcta; esperemos que el IFE no se lo pasé por el arco del TRIFE.

Otra solución más completa es la instalación de la segunda vuelta.
Comúnmente la segunda vuelta es una segunda votación que se lleva a cabo
en elecciones en los que ninguno de los candidatos obtenga más de la mitad
de los votos emitidos. Aunque esto no esté directamente relacionado con el
porcentaje de diferencia entre los candidatos o con el tamaño de error del
sistema electoral, al eliminarse de la competencia al resto de los candidatos,
es muy probable que la diferencia entre candidatos se amplíe en una segunda
elección. En América, Argentina, Colombia, Chile, Costa Rica, Ecuador, Perú
y Uruguay tienen a la segunda vuelta en sus estatutos electorales.

Finalmente, a manera de corolario del trabajo de Mochán, podemos
ver los beneficios de hacer análisis con los datos de las actas electorales,
de no existir estas actas muchos de los trabajos descritos en este libro
no serían posibles. Por esto nunca se deberá aceptar el uso de las urnas
electrónicas. Los problemas de EEUU en elecciones recientes [154] pusieron
en manifiesto la fragilidad de tales sistemas, combinando esto con nuestra

rica historia de fraudes nos daría un caldo de cultivo que mantendría a México en la vanguardia mundial en el robo de elecciones.

En resumen

Sin enojos, sin premisas de *compló*, sin partidismos que nublen la razón, sin matemáticas "superiores", sin teorías "avanzadas" y nada más que con sumas y restas, el Dr. Wolf Luis Mochán Backal, entonces director del Centro de Ciencias Físicas de la UNAM en Cuernavaca, destruyó el mito de la virginidad del PREP, nos enseñó a cómo usar los datos oficiales para medir la incertidumbre del sistema electoral, y de paso nos dice que — con esos errores— el IFE tendría que recurrir al *Journal of Irreproducible Results*[4] si quisiera publicar estos resultados.

Figura 77. René Miranda, entonces coordinador del PREP, en una posible portada de la única revista donde se podrían publicar los resultados de la elección

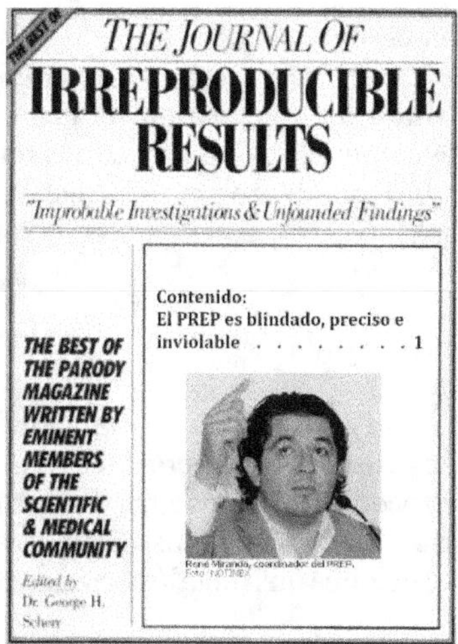

Fuente: **Foto Notimex.**

[4] El *Journal of Irreproducible Results* en realidad sí existe, ver www.jir.com.

La normalidad de una elección

Al calor de las intensas discusiones que se suscitaron en la comunidad científica de México e internacional después de la elección del 2006, me argumentaba un famoso colega, en referencia al estudio del Dr. Víctor Romero de la UNAM:

"Yo no estoy tan convencido de su análisis sobre el fraude ... Mi impresión es que los estadísticos, acostumbrados a variables físicas, no se dan cuenta que los datos electorales no son variables estocásticas, hay muchas correlaciones implícitas que no tomaron en cuenta."

Aunque esta respuesta no correspondía a lo observado por Romero, me vi sin argumentos para aceptar o rebatir el comentario del colega pues en ese momento se sabía poco del comportamiento que deberían tener los votos en una elección. Afortunadamente, un legado importante de los estudios de los fraudes anteriores es que ahora ya sabemos cómo se deben comportar los votos de una elección... cuando no les meten mano, claro.

En particular sabemos que los números de votos se distribuyen de acuerdo a curvas "normales" o "gaussianas", también vimos –gracias a Barberán— que los últimos dígitos pueden ser como un moretón en el ojo que nos grita que hubo camorra, y que hay correlaciones que nos pueden ayudar a detectar si hubo o no "mano negra". En esta sección se presentan algunas de estas técnicas, por si acaso se necesitaran en el futuro.

La prueba del último dígito

Como se explica en el estudio de Barberán [38] y en el libro [1], es posible usar esta técnica con los resultados electorales simplemente contando la frecuencia con que aparecen cada uno de los dígitos en la última posición de los votos en cada casilla; desviaciones de una esperada uniformidad pueden indicar intervenciones artificiales, como en 1988 cuando hubo exceso de ceros.

La idea es sencilla, viendo los votos que un mismo partido recibió en todas las casillas de un estado, se cuentan las veces que la cantidad de votos termina en "0", "1", "2", etcétera. Debido a que ese último dígito es prácticamente aleatorio, podrá tener cualquier valor entre el 0 y el 9 con la misma probabilidad, por lo que la distribución de dígitos deberá tener una distribución uniforme alrededor de 10% del total. Desviaciones acerca de esta esperada uniformidad pueden ayudar a detectar intrusiones artificiales en la votación.

Figura 78. Distribución del último dígito de la cantidad de votos recibidas en el 2006 por cada partido en todas las casillas de Aguascalientes

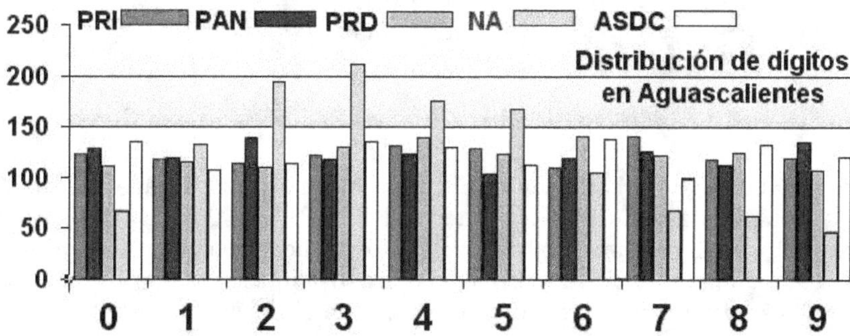

La gráfica muestra el número de veces que la votación de cada partido terminó en cada dígito en Aguascalientes en el 2006; aunque la uniformidad es aparente, hay variaciones notables. Los datos de Nueva Alianza (NA) y de la Alianza Social Demócrata y Campesina (ASDC) varían más que los demás debido a que la escaza votación recibida no alcanza a poblar todos los dígitos de manera uniforme; afortunadamente, por lo general los partidos chicos no son los que interesan.

Un ejemplo de variaciones más interesantes es la distribución obtenida por Acción Nacional en Chiapas. Como lo muestra la gráfica, existe un exceso del 11% de votaciones terminadas en "6" acerca de lo que debería ser la distribución uniforme indicada por la línea; aunque uno puede cuantificar esas desviaciones por medio de pruebas de confianza, la utilidad de este análisis radica en su simpleza y habilidad de indicar si hubo o no intervención ilegal.

Figura 79. Distribución del último dígito
de la cantidad de votos recibidas en el 2006
por el PAN en todas las casillas de Chiapas

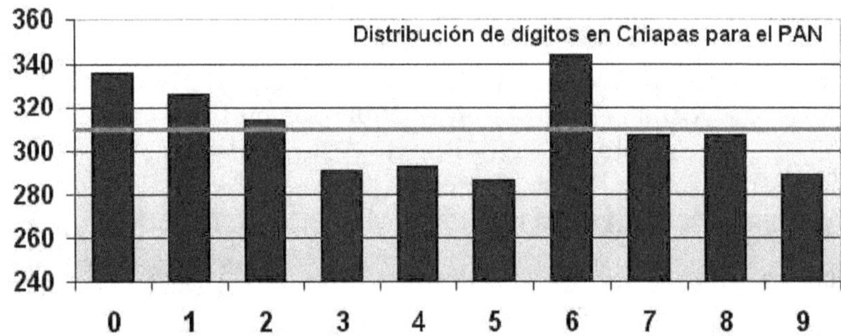

Emulando a Barberán en el 88, Luis Mochán hizo un análisis de la distribución de dígitos en los datos del PREP de 2006 y su desviación respecto a una distribución uniforme [155], y encontró que en Guerrero el PAN tenía una marcada divergencia de esta distribución (ver gráfica); otros estudios ratificaron esos resultados usando datos del conteo distrital [156].

Figura 80. Desviaciones de la distribución del último dígito
de las votaciones recibidas por el PAN en todos los estados

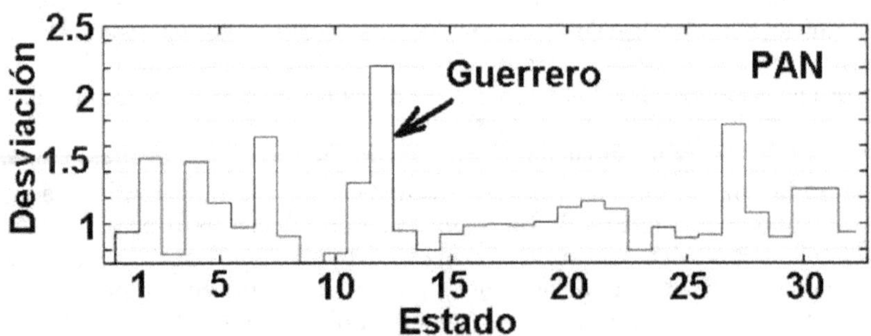

En resumen, partidos con votación abundante deben tener una distribución uniforme de últimos dígitos, y partidos con poca votación no debido a que en muchas casillas reciben menos de 10 votos. El IFE [89] y el Dr. Fernando Rodríguez [157] de la Universidad de Glasgow, en comunicaciones con Mochán, argumentan contra la validez de la hipótesis de uniformidad a nivel estatal, diciendo que se sabe que partidos chicos no la satisfacen, y proponen su uso tan sólo a nivel nacional. Debido a que un promedio nacional escondería variaciones estatales, la prueba dejaría de tener sentido (¿sería esto lo que le interesaba al IFE?). Por otro lado, en el 2006 se vio que estados bajos en población, como Baja California Sur, sí logran mantener uniformidad con datos de los tres partidos mayores, lo que nos indica lo robusto de la prueba del último dígito.

La normalidad de los votos

El trabajo clásico de Barberán mostró la distribución de casillas respecto al porcentaje de votos recibido por cada partido, aunque la cantidad de datos deja mucho que desear, su trabajo logró esbozar curvas de campana" conocidas como "normales" o de Gauss, en honor al matemático alemán del siglo 19; la clara excepción –por supuesto— fue la fraudulenta curva del *Robolucionario* Institucional, que era el único partido que hacía trampa en aquel entonces.

En 2006 ese tipo de gráficas fue usada por Mochán y Jaime Ruiz [158] con los votos por casilla a nivel nacional, por Raúl Aguilar Roblero [97] con la suma de votos PAN+PRD, por Cota Preciado [159] con los tiempos de llegada de los datos del conteo distrital, Rodríguez Román [160] con la diferencia de votos PAN—PRD, y por muchos otros incluyendo al autor en estudios de estado por estado [1,161].

El hecho de que variables tan disímiles sigan prácticamente el mismo patrón, ha hecho que esa distribución sea llamada "normal"; hasta los errores de ajuste a la curva siguen una distribución normal. Lo interesante es que nadie sabe por qué funciona, pero todo sabemos que sí funciona; parafraseando a Goethe, mientras funcione a nadie le importa como lo haga, el problema es cuando falle. Son esas fallas las que interesan en el estudio de elecciones.

Figura 81. Ejemplos de mediciones de datos electorales de 2006 que muestran distribuciones normales: diferencia de votos PAN-PRD, porcentaje de votantes, votos anulados, y tiempos de llegadas de los datos, todo a nivel nacional

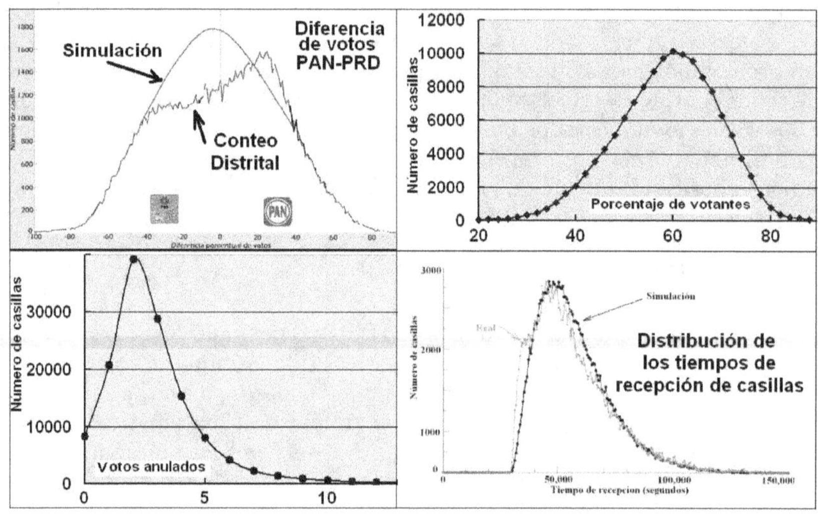

De nuevo, la idea tras el estudio es sencilla. Para ver, por ejemplo, si datos electorales tienen un comportamiento "normal", se transforma el número de votos de cada partido, en cada casilla, a porcentajes, y luego se cuentan esos porcentajes en categorías, *e.g.* cuantos porcentajes hubo entre el 0 y 2%, el 2 y 4%, y así hasta llegar al 98 y 100 por ciento. Al graficar el número de casillas versus las categorías deberá de resultar en una curva normal, y toda desviación deberá ser explicada.

La grafica muestra, por ejemplo, la distribución normal esperada para la diferencia de votos entre el PAN y el PRD según la simulación de Rodríguez Román (panel superior izquierdo); contrastando con los datos del conteo distrital vemos que hay un rompimiento que indica intervención 'extranormal", por ponerlo de alguna manera. Mientras que las curvas de los votos anulados (panel inferior izquierdo) y la participación ciudadana (panel superior derecho) sí siguen las curvas esperadas, los tiempos de recepción de datos (panel inferior derecho) muestran un quiebre abrupto inicial seguido por una reducción gradual sobre lo esperado.

La figura siguiente muestra en el panel izquierdo los resultados de este análisis para la votación presidencial del 2006 en el estado de Baja California; los puntos muestran los votos reales y las líneas los ajustes a la curva normal, como dirían los colegas madrileños, ¡el ajuste es acojonante!

Figura 82. Ejemplos de distribuciones de porcentajes de votos de todos los partidos en Baja California Norte y del PRI en Zacatecas

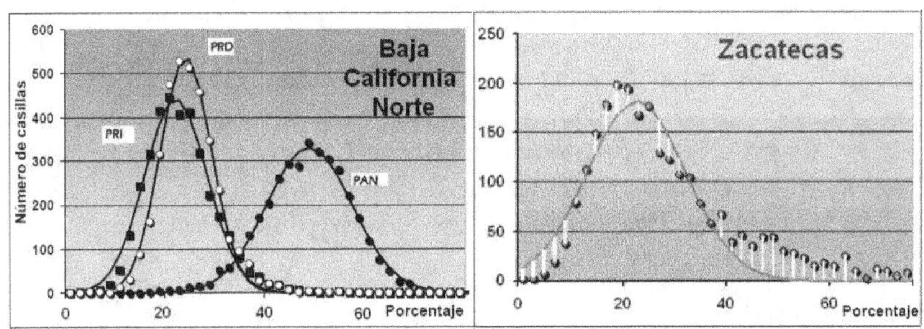

La gráfica de la derecha, sin embargo, muestra los "errores" en los datos del PRI en Zacatecas; por algún motivo "desconocido" las casillas con porcentajes altos (de más de 40%) son muchas más que lo esperado, mientras que las de porcentajes bajos (menores de 10%) son mucho menores, ¿por qué habrá sucedido esto? La única explicación para este efecto es conocida en términos técnicos como "relleno de urnas": al agregar votos a una casilla se elimina una de poco porcentaje mientras se crea una de porcentaje alto. El efecto opuesto, aumento en porcentajes bajos y disminución de altos, corresponde a la desaparición de votos.

En resumen, es posible clasificar datos electorales de varias maneras y obtener distribuciones mayormente normales. Las desviaciones pondrán en duda la pureza de los datos e indicarán efectos tales como la existencia de rellenos y desapariciones de votos.

Correlaciones

Como se observó en el 2006 en los trabajos de Davies [91], Hall [92], Romero [84], Trejo y Arredondo [62], y muchos más, existen relaciones –legales e ilegales— entre las diversas variables electorales. El beneficio de estudiarlas es la posibilidad de ratificar la presencia de las que deben de existir, o asombrarse por las que existen sin deber de existir.

Ejemplos de estas últimas son las relaciones que hay entre los porcentajes de votos nulos o de participación ciudadana y los votos obtenidos por el PAN y el PRI, o las encontradas por medio de la correlación de Pearson entre los crecimientos de las votaciones de los tres partidos.

El análisis de correlaciones más sencillo es de graficar una variable contra otra y ver su comportamiento. Un ejemplo sorprendente es la relación encontrada por Mochán en 2006 entre la cantidad de errores "aritméticos" en función de las actas contabilizadas.

Figura 83. Número total de rellenos (superior) y desapariciones (inferior) en función del número total de actas procesadas

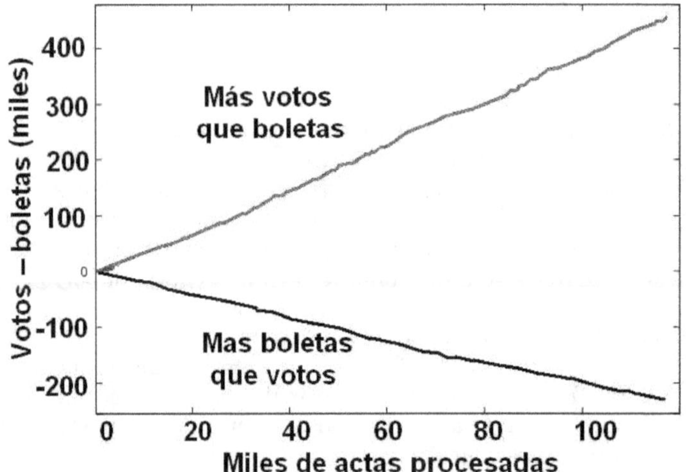

La gráfica muestra la evolución del número total de "rellenos" (actas con más votos que boletas, línea superior), y desapariciones (más boletas que votos, línea inferior) en función al número de actas contadas. Lo sorprendente del ejemplo es que muestra que el crecimiento de los rellenos y las desapariciones se dieron de manera lineal en el tiempo, es decir ocurrieron de manera extremadamente constante durante el funcionamiento del PREP, a una razón de casi 500,000 rellenos en 120,000 actas, o 4.1 votos agregados por acta, y unos 2 votos desaparecidos por acta. ¿Cómo explicar esto? O el millón de funcionarios de casillas cometieron errores de manera exageradamente mecánica, o éstos fueron inducidos cibernéticamente.

Terminando, la manera más sencilla de encontrar relaciones entre los datos electorales es graficando algunas variables en función de otras. Relaciones más cuantitativas se pueden encontrar usando alguna de las funciones de correlación, como el coeficiente de Pearson; la implementación de este método está delineada en el Apéndice.

Resumen

Hemos visto, pues, que los datos electorales sí tienen una estructura reconocible. Deberán mantener una distribución uniforme de últimos dígitos de las votaciones recibidas por cada partido en cada casilla del país, y las diferentes variables electorales deberán ceñirse a distribuciones normales y respetar ciertas relaciones entre ellas.

Por el contrario, los fraudulentos ahora deberán aprender matemáticas para engañarnos. A partir de ahora su manual de entrenamiento, el manual de fraude electoral, deberá incluir técnicas para falsear los datos sin destruir la distribución uniforme de últimos dígitos, tendrá que explicarle a los mapaches electrónicos métodos para rellenar urnas cibernéticamente sin afectar la distribución normal, y como hacer modificaciones en casillas sin que éstas salten a la vista al aplicarles algún estudio de correlación.

Veo difícil que esto se pueda lograr, y menos con programadores flojos que reciclan los códigos del 2006 al 2012, pero uno nunca sabe, por un lado la ciencia avanza y, por otro los científicos también tenemos precio.

La anormalidad de las encuestas

Lo sencillo de sesgar una encuesta se puede ilustrar con un chiste de Pepito. Le pregunta la maestra a Pepito si sabe que habrá elecciones en México, a lo que el inquieto travieso contesta: "¡Uy maestra, hasta sé quién ganará!". "¿Ah sí, Pepito?" —responde la maestra— "¿Y quién va a ganar?" "¡Mi mamá!, fíjese que hice una encuesta y salió ganadora mi mamá". "¿Y cómo hiciste esa encuesta?" —pregunta la maestra— "Por teléfono, maestra. Llamé a mucha gente por teléfono a las 4 de la mañana preguntando que quién iba a ganar, y todo decían que mi ¡*@#$ madre!".

El hecho de que exista una normalidad en los datos electorales nos permite —de igual manera— muestrear esos datos para tener una buena idea de los resultados totales. Es decir, el análisis de tan sólo una fracción de los votos nos puede dar una muy buena idea de los promedios totales, y todo gracias a varias leyes de la estadística en las que se basan las encuestas.

Desgraciadamente, aunque la probabilidad puede predecir con precisión el resultado global de un número grande de eventos, no puede determinar el resultado de eventos individuales. Esto hace que sea posible modificar datos individuales —como las respuestas a las preguntas de las encuestas— y que esas modificaciones sean casi indetectables. Afortunadamente, el maestro Macario Hernández Garza ex profesor del Instituto Tecnológico de Monterrey y de la Universidad Autónoma de Nuevo León, en sus extensos estudios "Las encuestas, instrumento de engaño en las elecciones del 2006" [162,118] nos enseña cómo descubrir la mano sucia.

Encuestando las encuestas

El maestro explica que la existencia de encuestas arregladas ha sido conocida desde 1988 cuando sondeos, que supuestamente fueron realizados por los periódicos *Excélsior* y *Unomásuno*, y que ponían a Carlos Salinas de Gortari con un 61.4%, fueron luego desmentidas por los mismos periódicos. Años más tarde, en las mesas redondas de encuestadores del año 2000, Roy Campos de Consulta Mitofsky admitió que es posible usar elementos metodológicos para abultar la intención de voto en favor de un candidato, y afirmó que en aquel entonces las encuestadoras estaban jugando "un triste papel" ya que de 38 sondeos preelectorales, 14 habían sido para informar y 24 para propaganda.

Macario Hernández Garza encontró una manera "limpia", es decir, enteramente basada en el poder de la estadística, para determinar el sesgo partidista de las casas encuestadoras; como es de esperarse, sus resultados indican que varias de las agencias que operaron en 2006 como en 2012 tuvieron un candidato favorito.

En su estudio el maestro explica en detalle que, usando las características de cada muestreo (muy particulares para cada casa encuestadora), es posible hacer simulaciones computacionales que —perdonando la redundancia— obtengan lo que se debió haber obtenido. Una comparación subsiguiente con lo presentado por los encuestadores puede servir para indicar manipulación de datos y existencia de preferencias electorales en las encuestadoras.

En un estudio técnico de casi 200 páginas, Hernández Garza analiza datos de la campaña electoral de 2006 correspondientes a cada casa encuestadora, cada candidato y en actualizaciones mensuales. Estudiando el comportamiento de aleatoriedad de los datos globales, de los residuales estandarizados, de las diferencias de las estimaciones máximas y mínimas, y de la población dentro y fuera de los intervalos de confianza, el catedrático logra condensar sus resultados en una variable que él denomina el "sesgo total".

El sesgo total mide la forma sistemática en la que cada casa encuestadora sobreestimó o subestimó las preferencias electorales de un candidato en todo un período pre-electoral. El sesgo de una casa encuestadora para un candidato en una encuesta se puede calcular por la diferencia entre su promedio y el promedio de las estimaciones de las demás casas encuestadoras ajustando a la misma metodología. Con esto, el sesgo total para una determinada encuestadora sería la suma de los sesgos obtenidos en todas las encuestas.

En lenguaje llano, una encuestadora con resultados que siempre estén por encima de los promedios de las demás casas encuestadoras, tendría un sesgo positivo, y una con resultados por debajo de las estimaciones tendría un sesgo total negativo.

Debido a que un candidato tenga una preferencia de voto de cierto porcentaje, digamos 34%, las diferentes encuestas deberán de producir resultados alrededor de tal valor pero siempre dentro de cierto margen de error, que el maestro determina usando 50,000 simulaciones computacionales. Usando resultados y simulaciones de las encuestadoras de 2006: GEA-ISA,

El Universal, Mitofsky, de las Heras y Reforma, el colega Macario obtiene el rango de distribución de los resultados esperado (con 95% de certeza) para la elección del 2006 y lo grafica de la siguiente manera.

Figura 84. Valores del sesgo total de las casas encuestadoras para López Obrador, Calderón y Madrazo. Las barras horizontales corresponden al margen de error máximo esperado para los tres candidatos con un 95% de intervalo de confianza, el punto central es la media de la distribución y los símbolos representan el sesgo total calculado para cada encuestadora y cada candidato

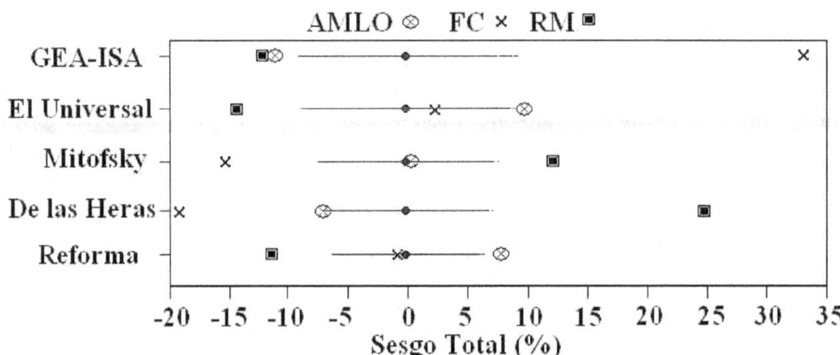

Las conclusiones saltan a la vista. Roberto Madrazo es el hombre más querido y más odiado de la contienda, ninguna de sus encuestas cayó dentro de los intervalos de confianza. María de las Heras le da un sesgo total de un 25.02% correspondiente, en promedio, a un exceso de 3.57 puntos porcentuales por arriba del promedio de los demás encuestadores en cada mes. Hay que remarcar que todos los sesgos totales de las casas encuestadoras caen fuera de sus intervalos de confianza lo cual es altamente improbable; en muestreos honestos sucedería una vez en tres millones doscientos mil casos, lo cual indica el tamaño de la manipulación de las encuestas de 2006.

Respecto a López Obrador, únicamente el sesgo total de Mitofsky cae dentro de su rango de distribución del 95% aunque otros tres (*El*

Universal, de las Heras y *Reforma*) andan bordeando estos límites. El sesgo negativo mayor es el de GEA ISA, lo cual es esperado dada la afiliación por todos conocida de esa casa encuestadora; más acerca de esto más adelante.

Felipe Calderón recibe un regalo pre-electoral de GEA-ISA quien le otorga el sesgo mayor jamás detectado en elecciones: 33.12% correspondiente a 4.73 puntos porcentuales por encima del promedio mensual de los demás encuestadores; la probabilidad de que ese valor ocurra de manera natural en un muestreo honesto es prácticamente nula. De los demás sesgos se observa que solamente dos caen dentro de sus respectivos intervalos de confianza (*Reforma* y *El Universal*), y que el de María de las Heras es un castigo durísimo de -19.18%, de nuevo, la probabilidad de ocurrencia natural de este valor es prácticamente cero.

Explicando las encuestas del 2006

¿Cómo entender los resultados de las encuestas del 2006? Obviamente las encuestas están, en su mayor parte, amañadas, pero aun así, ¿se podría explicar cómo y por qué? La respuesta en un sí rotundo, pero ésta cae fuera del rango de la estadística. Por ejemplo, la encuestadora María de las Heras estaba casada con el político priista César Augusto Santiago quien fue jefe de la campaña electoral de Roberto Madrazo en 2006, no es necesario saber más; María de las Heras murió en agosto de 2012.

La conexión entre Calderón y GEA-ISA fue hecha pública por *Proceso* en abril de 2006 [163]. El documento de coordinación política de la campaña de Calderón explicaba que el plan a seguir se iniciaría con una encuesta de GEA-ISA mostrando un empate con López Obrador en enero del 2006. Luego seguirían cuatro encuestas hechas a la orden. Después de un traspié en la encuesta de marzo donde AMLO aumento más de lo esperado, el plan prosiguió y para finales de marzo GEA-ISA ya daba de nuevo un empate Calderón-López Obrador. El reporte encontrado por *Proceso* indicaba que ningún empleado debería hacer intercambios con otras agencias de investigación sin el visto bueno del vende-patrias Rafael Giménez quien era el encargado de mentir en tales encuestas.

El análisis de Hernández Garza inclusive propone un mecanismo por medio del cual GEA-ISA habría manipulado los datos de sus encuestas. De acuerdo a tal esquema, GEA-ISA habría introducido a los "votantes probables" como un filtro para darle así a Felipe Calderón un promedio mensual de 1.93 puntos porcentuales adicionales, al tiempo que le restaba a López Obrador, en promedio, -0.05 puntos, y a Roberto Madrazo -1.53 puntos porcentuales.

Las encuestas del 2012

Como se mencionó antes, en 2012 el país sufrió de "encuestitis" por varios meses antes y durante la campaña electoral como parte obvia de un programa mediático. De hecho, las encuestas se iniciaron meses antes de que hubiera candidatos oficiales de los partidos.

Continuando con la misma metodología usada en la sección anterior, Hernández Garza hace una comparación entre las predicciones promedio de las casas encuestadoras y los resultados de los cómputos distritales [118]. El plan a seguir salta a la vista en la gráfica de Macario: todas las encuestas pusieron al PRI varios puntos porcentuales arriba del resultado final (línea continua), las sobre-estimaciones tuvieron errores desde un 3% hasta un 10%, siendo las más exageradas las de GEA-ISA e Indermerc-Harris.

Figura 85. Estimaciones de los encuestadores contra resultados del Cómputo Distrital del 2012

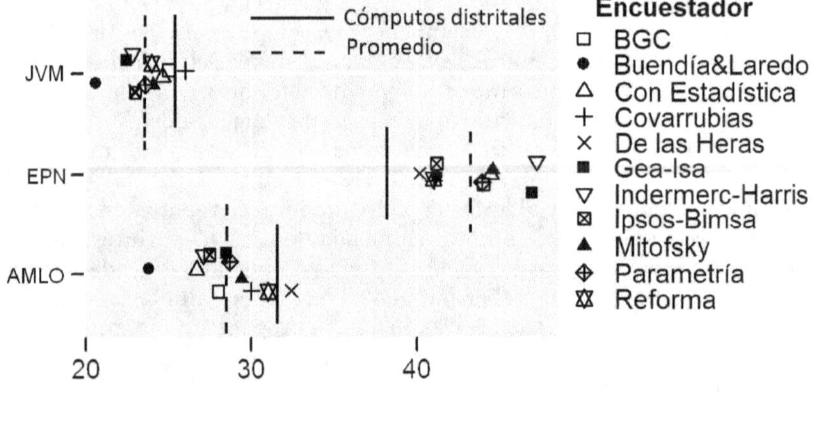

El efecto con JVM y AMLO fue exactamente el opuesto, las estimaciones estuvieron entre 1 y 7 puntos porcentuales debajo de los resultados del Cómputo Distrital, siendo los más atinados de las Heras y Reforma y el más errado Buendía & Laredo, quien también tuvo el yerro máximo con Vázquez Mota.

El análisis de Macario Hernández indica el tamaño promedio de los sesgos: Peña Nieto: 5.02; Vázquez Mota: -1.85 y López Obrador: -3.12, lo que muestra amplios márgenes. Como explica Hernández Garza, las "equivocaciones" de las casas encuestadoras beneficiaron a Peña Nieto en la opinión pública.

Hay que recalcar que en el caso del PRI ninguna encuesta debió acertar debido a que los resultados fueron logrados por medio de la compra de votos en zonas rurales, factor indetectable con encuestas. Sin embargo, por lo mismo, las encuestas debieron reflejar un porcentaje menor al obtenido y nunca mayor como lo hicieron. De igual manera, debido a que el PAN y Movimiento Progresista no recurrieron a la compra de votos, los encuestadores debieron hacer buenas predicciones. Tanto los resultados de las encuestas que sobrestiman al PRI como los que subestiman al PAN y PRD más allá del rango de confianza, son muestras claras de la falta de honestidad de prácticamente todas las casas encuestadoras.

Viendo el escenario global para los tres candidatos, tan sólo 16 de los 33 intervalos de confianza (49%) contienen el resultado del cómputo distrital respectivo. Esto indica que los encuestadores mintieron al afirmar que trabajaron con un nivel de confianza del 95 por ciento. La probabilidad de que esto ocurra, claro con encuestas honestas, es de 0.0000000000000391801, es decir sucedería una vez en 25 millones de millones de eventos; millones de veces menos probable que la improbable ventaja que el PAN tuvo sobre PRD en 2006, estudiada por el Dr. de Icaza en el Capítulo 2.

Las reflexiones de Macario

Al final de su estudio el maestro Hernández hace algunas reflexiones finales. Acerca de las casas encuestadoras Macario concluye que utilizan los puntos porcentuales de "otros candidatos", AMLO y JVM, para inflar las estimaciones de EPN. Eso, junto con una falta de aleatoriedad en las estimaciones, lo lleva a concluir que hubo una intención por parte de las casas encuestadoras de beneficiar a EPN.

Esto no pasaría de observación académica de no haber sido corroborado por varios participantes. Macario pone como evidencia la entrevista que Miguel Ángel Vargas [164] le hizo a Ana Cristina Covarrubias, en que la Directora de Covarrubias y Asociados apuntó a una posible falta de ética como causa de los errores de las encuestas de 2012:

> "Sí pueden ser cuestiones metodológicas, pero creo que también son líneas editoriales: lo que el 'Peje' llama el cuchareo o el copeteo", dijo Ana Cristina Covarrubias. "¿Entonces cree que en alguna o algunas de las encuestas que se monitorean en ADNPolítico.com falsean sus resultados?", se le cuestionó. "Yo sí lo creería... que exista eso; incluso a mí me han hecho ofertas", respondió. Covarrubias detalló que una oferta se le hizo en este proceso electoral y que vino de gente que "no quería al Peje, pero que sí quería a Peña Nieto"; aunque aclaró que el ofrecimiento no se lo formularon "ni políticos, ni los medios". Más bien, confesó, vino de los defensores de algunos intereses económicos a los que prefirió no identificar pues, aseguró, le dan flojera los escándalos.

De igual manera, como lo reporta Leo Zuckerman [165] en la revista *Nexos*, durante la elección a la gubernatura de Michoacán, en entrevista con Joaquín López Dóriga en Radio Fórmula el candidato priista Fausto Vallejo opinó sobre la encuesta de Gabinete de Comunicación Estratégica (GCE) que daba 37% al PAN y 22% para el PRI:

> Inicialmente me daba a mí ventaja, pero no llegamos a ningún acuerdo y obviamente pasó a otros momios a favor de la candidata ... Se acercaron conmigo, me enseñaron las encuestas que ellos traían: llevábamos 10 o 15 puntos arriba. No establecimos el contacto. Sé que establecieron contacto por otro lado, pero a los pocos días habían cambiado totalmente la encuesta que nos habían mostrado.

Otra evidencia de "intencionalidad humana" como lo llama Macario fue encontrada en el cable *09México212* de *Wikileaks* redactado por personal de la embajada de Estados Unidos:

> "Analistas y dirigentes del PRI le han expresado a Poloff su creencia de que (Peña Nieto) le paga, por debajo de la mesa, a medios de comunicación para que presenten una cobertura noticiosa favorable, además de financiar potencialmente a empresas encuestadoras para que alteren los resultados de encuestas".

Acerca de la colusión de los medios de comunicación con las casas encuestadoras, el maestro Hernández simplemente recuerda que el grupo Milenio contrató a GEA-ISA para que –supuestamente- hicieran ¡101 encuestas "tracking" diarias! Lo absurdo de la información dada por Milenio fue señalado en su momento por el Dr. Luis Guillermo Cota Preciado, quien observó que todas las encuestas habían sido hechas exactamente con 1152 personas lo cual es imposible de obtener en muestreos honestos [120]. Macario termina sus reflexiones contrastando declaraciones inexactas de consejeros del IFE con hechos reales en elecciones pasadas.

¿Qué hacer?

Los conteos ciudadanos del capítulo anterior muestran que en 2012 el resultado (sin compra de votos) debió haber sido un triunfo para el PRD entre 37 y 42%, mientras que el PRI debió haber recibido entre 29 y 32% del voto; prácticamente lo opuesto de las predicciones de las encuestas que en marzo ponían al PRD entre 21 y 30% y al PRI entre 42 y 48 por ciento. La explicación de las encuestadoras, que se habían cometido "errores metodológicos", no es creíble pues no puede explicar errores del orden del 12 al 16 por ciento.

Basándose en los resultados, o los encuestadores son pésimos, o son muy corruptos, o son corruptos y pésimos. Debido a que las técnicas para hacer encuestas se conocen de años atrás, y de que estamos hablando de encuestadores profesionales con décadas de experiencia (Ulises Beltrán, Roy Campos, Ricardo de la Peña, etcétera) así como de casas encuestadoras de corte internacional (Mitofsky, Ipsos, Indermerc-Harris, etcétera) tiene uno que eliminar la opción de que los encuestadores no saben hacer su trabajo, y quedarnos con la alternativa menos agradable.

Para un país urgido de transparencia, estas empresas engañaron abiertamente a la opinión pública apostando a crear un clima a favor de un candidato y desfavorable en contra de otro influyendo en el comportamiento electoral. Esto es reprobable y debe ser castigado en el ámbito penal.

Afortunadamente, en marzo del 2015 el INE desarrolló lineamientos y criterios nuevos que podrían evitar los fraudes de las encuestas, como los ocurridos en el 2006 y 2012. Ahora el INE exige que las casas encuestadoras provean datos específicos de toda encuesta que realicen.

Datos como la población medida, procedimiento de estimación empleado, tamaño y forma de obtención de la muestra, la calidad de la estimación, confianza, error máximo, frecuencia y tratamiento de la no–respuesta, taza de rechazo, método de recolección de la información, cuestionario utilizado, datos en formato electrónico, y resultados del estudio, estimaciones, etcétera. Asimismo se requiere la información acerca de la autoría y financiamiento de las encuestas; por su parte el INE se compromete a monitorear publicaciones para identificar encuestas que no cumplen con estos requerimientos.

Otra medida sería la de crear un agregado al Artículo 50 del Código Federal de Instituciones y Procedimientos Electorales dándole la responsabilidad al IFE de realizar encuestas oficiales transparentes (bajo la suposición que el IFE pudiera hacer algo transparente). En el siguiente capítulo redactaremos bocetos de ley para echarles la mano a los ocupadísimos legisladores.

Lección de las lecciones

Meses después de la elección preguntaba Samuel Schmidt en comentario público a Colloqui: "Si ya hay resultados definitivos, me refiero al conteo distrital y los datos validados por el tribunal, ¿tiene mucho sentido seguir haciendo comparaciones con el PREP?".

Al preguntar algo que ya sabía, la intención de Samuel era poner a la luz pública la razón de tales estudios para evitar que la pregunta se usara para descalificarlos. La respuesta dada a Samuel en aquel entonces estaba llena de esperanza:

> "Desde el punto de vista de desenmascarar la intención de robo y culpabilidad del IFE (ojo, no del PRI con su compra de votos) sí tiene sentido seguir presentando estos resultados del PREP. Hay gente que argumenta que todos los partidos compran votos, pero no hay muchos que digan que el IFE organizó la trampa; estos estudios lo ponen en claro."

Ahora sabemos que lo esperado de los estudios se cumplió con creces. Para las fechas cuando Samuel formuló la pregunta el robo de la elección era un hecho consumado, pero la pregunta acerca de quién se la había robado aún seguía en pie. Estaba claro que el robo "a la antigüita" había sido hecho por el PRI y secuaces, pero ¿habían sido los únicos? El estudio del PREP nos da la respuesta.

Los estudios de Romero Rochín y Becerra Sagredo demuestran no tan sólo que los datos del PREP 2012 estuvieron manipulados (ordenados, etcétera), sino también ***que los datos del PREP fueron modificados por el mismo algoritmo que se usó en 2006***. La participación del IFE en los fraudes de 2006 y 2012 es ahora innegable, y las consecuencias de esto son mayúsculas.

Volviendo a la pregunta del periodista Brian Edwards-Tieker formulada antes de la elección, es posible ahora presentar pruebas fehacientes a la respuesta dada meses atrás. Existe un grupo de poder que trasciende las fronteras de partidos políticos y usa al IFE en una administración panista para cometer fraude a favor del PRI.

Así pues, una lección más, no de los fraudes sino de los estudios de los fraudes, es que éstos nos permiten asignar culpables a los fraudes detectados.

Conclusiones

*Bush padre hizo bien poner a gobernar
a sus hijos y transferir experiencia
en fraudes a la florida en momentos críticos*
OSAMA BIN LADEN

S i hemos aprendido algo con el arduo trabajo de *Los Anomaleros*, es que sí es posible realizar auditorías externas que garanticen la sanidad de las jornadas electorales. Ante las denuncias que éstas propiciaron no sería sorprendente que el INE y sus *colaboradrones* trataran de eliminarlas en el futuro.[1] Por eso es necesario ahora tomar una serie de medidas que garanticen la realización futura de tales auditorías.

Hay muchas sugerencias que podrían eliminar los fraudes "a la antigüita". Por ejemplo, habría que prohibir que se instalen casillas cuando no haya representantes de todos los partidos. También se debería reglamentar que las casillas tengan fotografías de los representantes y que éstos no puedan ser relevados en el último minuto. Cosas tan sencillas como eliminar las cortinas podrían hacer más difícil el "taqueo", la "catafixia" (véase apéndice), la toma de foto a la boleta, etcétera; respecto a un posible robo del padrón, lo "bueno" es que de eso ya no hay que preocuparse.[2]

Pero no es eso el enfoque de este capítulo final. De hecho, el capítulo se aleja un poco de la parte técnica de los estudios y se va a la parte práctica,

---

[1] En 2009 el IFE eliminó los espacios para los totales de votantes y boletas recibidas de las actas de escrutinio y cómputo, eliminando así una posibilidad de corroboración de resultados.

[2] Ya no es necesario salvaguardar el padrón electoral pues se vende al público en versión "pirata" en Tepito por $12 mil dólares, aunque el del estado de Querétaro se puede conseguir por internet por míseros $200 pesos.

a la implementación, y propuesta de ideas que puedan ayudar a impedir fraudes cibernéticos futuros o, al menos, que hagan más fácil su detección.

Empezaremos presentando un formato a seguir, propuesto por el maestro Jesús Ibarra Salazar, que permite usar las redundancias PREP —conteo distrital para identificar de manera rápida las casillas con errores. Continuaremos después con una serie de recomendaciones que habría que impulsar para eliminar problemas existentes en el proceso electoral. El capítulo termina, en parte recapitulando lo estudiado, y en parte presentando un esquema objetivo de la situación actual de la democracia nacional.

Detección y prevención

Desde su foro virtual, "Política electoral" [103], el maestro Jesús Ibarra Salazar indica lo que se debe de hacer en caso de que haya sospechas de fraude, es decir, siempre.

Como se explicó en la sección "Cazando mapaches", por lo general son los funcionarios de casilla los primeros que alteran las votaciones en una elección y, también por lo general, sus conjuras simplemente agregan o quitan votos a un partido sin modificar el resto de la información, sus trucos podrán ser detectados por medio de las redundancias del PREP. En su vasta experiencia de caza-mapaches, el maestro ha notado que por lo general las modificaciones se hacen tan sólo en las elecciones de interés (las presidenciales) pero no en las demás (estatales o locales), y por lo mismo son fácilmente detectables.

Así, un primer paso de análisis es comparar en cada casilla las sumas de votos del PREP para cada pareja de elecciones: presidente-diputado, presidente-senador, etcétera. Las alteraciones de votos en cada casilla saltarán a la vista como discrepancias en tales sumas, y servirán para identificar las casillas que tendrán luego que ser reclamadas ante el consejo distrital para el día de la sesión del cómputo.

Repitiendo el ejercicio con los resultados de los cómputos distritales y comparando con los del PREP, servirá para revisar la persistencia de las modificaciones o el surgimiento de nuevas. De manera independiente, con los datos del PREP y del cómputo distrital a la mano, se podrán comparar las votaciones para cada elección por separado, cotejando sumas totales y las votaciones de cada partido.

Al final, estos pasos producirán una lista de casillas en las que las diferencias de votaciones han sido afectadas, y el paso siguiente será el solicitar las actas de las casillas correspondientes e impugnar los resultados de la casilla. El diagrama mostrado al final del Apéndice muestra las acciones a seguir para una evaluación efectiva de las actas de escrutinio y cómputo. El maestro concluye que, ante la persistencia del fraude, la ciudadanía deberá impulsar un movimiento de reforma electoral que proponga un diseño nuevo[3] de sistema electoral para terminar con la burla que se hace del voto ciudadano, presentando las pruebas documentales del fraude electoral.

En el apéndice se presenta un prontuario de técnicas con su implementación en hoja de trabajo, así como una lista de recomendaciones para prevenir el fraude.

Recomendaciones mínimas

CENARREP

En términos de correctivos inmediatos a los problemas suscitados en las elecciones de 2006 y 2012, es obvio que hay que eliminar el cuello de botella que representa el Centro Nacional de Recepción de los Resultados Electorales Preliminares (CENARREP) en el flujo de información. Como lo gritaron los datos de las casillas inconsistentes en el 2006 y las especiales en el 2012, la modificación —tanto en el PREP como en el conteo distrital—sucedió en el CENARREP, por lo que es necesario eliminarlo o al menos establecer una ruta paralela para el flujo de datos.

Esto se puede lograr de manera muy sencilla, dando acceso a los 300 distritos electorales a que depositen la información —paquete a paquete—directamente en la base de datos apropiada del INE, con copia fiel a Internet y partidos participantes. Esto quitaría del medio al *Big Brother*-INE que en 2006 y 2012 usó una cortina de humo en el PREP al poner "actualizaciones" en lugar de datos reales y comprobables. Así

---

[3] Respecto del acta, la sugerencia es que haya sólo un documento para las tres elecciones, con las votaciones anotadas en columna para cada elección y que al final se puedan hacer las sumas de votos o votación total emitida, para poder verificar de inmediato la necesaria igualdad de esas sumas.

pues, minutos después del cierre de casillas, cualquier ciudadano podría así verificar por internet que los datos de las actas de la casilla donde votó, concuerden con los recibidos por el INE, y que las sumas proporcionadas por este instituto, sean las correctas. Este simple procedimiento daría reportes detallados con información por casillas, eliminando así la magia negra de los reportes crípticos con los que el IFE logró manosear la información en el conteo rápido y en el distrital.

Una medida más permanente y segura sería el uso del método de almacenaje llamado "cadena de bloques" o Blockchain en inglés, el cual está explicado en la sección final de este libro. En este método los datos de los paquetes electorales se publicarían en bloques secuenciales, fechados, ligados a los bloques anteriores, sellados para impedir manipulaciones futuras, y almacenados en todos los servidores de los distritos electorales, los partidos, ONG, etcétera. Cada bloque sería verificado comparando los datos de un servidor con los de todos los demás. Esta arquitectura elimina toda autoridad central y posibles cuellos de botella, además que impide que los datos sean modificados, permite que puedan ser verificados, y crea un récord permanente y transparente.

Más reformas legales

Respecto al punto anterior, y para echarles la mano a los ocupadísimos diputados y senadores que les pudiera gustar la idea y quieran modificar esta ley, se presenta aquí una sugerencia para el nuevo texto del Artículo 125 l) del Código Federal de Instituciones y Procedimientos Electorales:

> "Establecer un mecanismo para la difusión inmediata en el Consejo General, de los resultados preliminares de las elecciones de diputados, senadores y Presidente de los Estados Unidos Mexicanos; para este efecto se dispondrá de un sistema de informática para recabar los resultados preliminares. En este caso se ~~podrán~~ <u>deberán</u> transmitir los resultados <u>directamente a los partidos electorales y a los medios informativos, y por internet al público en general tal y como fueron recibidos de los Consejos Distritales, con información de casillas individuales además de totales parciales y copias digitalizadas de las actas</u> en forma previa al procedimiento establecido en los incisos a) y b) del párrafo 1 del artículo 291 de este Código. Al sistema que se establezca tendrán acceso en forma permanente los consejeros y representantes de los partidos políticos acreditados ante el Consejo General"

Por el mismo tenor, y para evitar el fraude de las encuestas como el ocurrido en 2012, otra sugerencia sería crear un apartado del Artículo 50 del Código Federal de Instituciones y Procedimientos Electorales, donde el INE reciba permiso para difundir resultados, para que también tenga el mandato de realizar encuestas oficiales transparentes. El segundo punto del artículo podría quedar así:

"Articulo 50
2. El Instituto Federal Electoral y las autoridades electorales de las entidades federativas, para la medición de la intención del voto a nivel nacional, organizarán encuestas propias (no contratadas) en cada distrito electoral cada mes durante la campaña y publicarán de manera puntual los datos obtenidos en tales encuestas así como los procedimientos usados en su obtención."

De nuevo, ¿habrá algún legislador, joven aún con ansias de gloria, que quiera grabar su nombre con letras de oro en la historia de la democracia mexicana?

Más datos y actas mejores

La redundancia de los datos en las actas de escrutinio y cómputo es la piedra de Rosetta de las actas; sin esa duplicidad de información no es posible implementar ningún sistema de verificación de información. Asimismo, los datos recibidos por el INE deben ser puestos a disposición de los ciudadanos de manera instantánea por internet; esos datos deberán incluir copia digitalizada de las actas de casilla. Con esto, cada partido podría tener su propio centro de validación y difusión de la información; militantes de cada partido se encargarían de verificar que los datos del INE concuerden con las sábanas, con la base de datos de su propio partido y de los otros partidos.

Por otro lado, viendo los beneficios obtenidos de la redundancia de los datos del PREP, es necesario asegurarse que la información del conteo distrital contenga la misma redundancia.

Usando el ingenio de ingeniero, Jesús Ibarra propone que el formato de las actas de escrutinio y cómputo sea rediseñado para combatir posibles "malas cuentas", especialmente aquellas alteraciones de último minuto. Es conveniente, nos dice, que las votaciones sean anotadas en forma vertical, de modo que se pueda hacer la sumatoria correspondiente, y que de inmediato se pueda advertir las diferencias en los votos totales de las distintas elecciones concurrentes.

Figura 86. Recomendación de Jesús Ibarra
para observadores de casilla

Forma para el observador en casilla

Nombre: ____

Clave de elector: ☐☐☐☐☐☐☐☐☐☐☐☐☐☐☐☐☐☐

Entidad: _________________________________, Distrito: _____

Municipio: ___________________, Sección: ______, Casilla: _____________

Información fundamental

Cantidades de	Presidente	Diputado	Senador
Ciudadanos que votaron			
Boletas recibidas			
Boletas sobrantes			
Boletas extraídas de la urna			

Información a verificar: Las cifras *en cursiva y negritas* **deben ser iguales: Si ☐ No ☐**

Votaciones en la casilla

Partidos o coaliciones	Presidente	Diputado	Senador
Partido Acción Nacional			
Partido Revolucionario Institucional			
Partido de la Revolución Democrática			
Partido del Trabajo			
Partido Verde Ecologista de México			
Partido Nueva Alianza			
Movimiento Ciudadano			
Candidatos no registrados			
Nulos			
Coalición Compromiso por México			
Coalición Movimiento Progresista			
Votación total emitida (suma)			

Información a verificar: Las cifras *en cursiva y negritas* **deben ser iguales: Sí ☐ No ☐**

Firma: _________________

Ver al reverso

Incluso, sería buena idea impulsar el uso de un mismo documento que registre las votaciones de las dos o tres elecciones federales, de modo que cualquier anomalía esté a la vista de todos y pueda ser corregida a tiempo.

Segunda vuelta

Las bondades de una segunda votación entre los dos candidatos con más votos en los casos que ninguno obtenga más de la mitad de los votos emitidos, ya fueron presentadas. Con la experiencia de la compra de votos del 2012 esta idea se vuelve más necesaria que nunca, pues forzaría a los fraudulentos a re-organizar en corto plazo un segundo fraude, aumentaría sus gastos, etcétera; de nuevo, esta ley está en espera de algún congresista que quiera pasar a la historia. Lo único preocupante es que a Calderón le haya gustado esta idea (ver Figura 53), ¿sabrán ya cómo hacer un segundo fraude al vapor?

Más análisis

La disponibilidad instantánea de los datos serviría también para poder instituir análisis en tiempo real. Anomaleros, analistas de los partidos y el mismo INE verificarían que los avances mostrados por el PREP correspondan a la realidad, construirían gráficas de uniformidad de los últimos dígitos, paquete por paquete, estudiarían la gaussianidad en los porcentajes de votos por estado, calcularían correlaciones de Pearson entre las acumulaciones de votos, etcétera. Si, además de esto, los diferentes grupos hacen públicos los códigos usados, se podrán dirimir diferencias de manera expedita.

El hecho de que los problemas con el PREP [103,166][4] continúen hasta hoy en día, nos debe servir como recordatorio constante que el sistema no es perfecto y que debe de existir un monitoreo constante para impedir su abuso.

---

[4] Han sido reportada fallas, por ejemplo, en San Luis Potosí en 2009 y en Nuevo León y otros estados.

Reiterando: ¡No a las urnas electrónicas!

Viendo a futuro, y en base a discusiones llevadas a cabo en el INE para el "Avance Tecnológico y e-Democracia", me parece apropiado encender las alarmas para prevenir a todos del diluvio que viene. El plan, según se explicó en un seminario del IFE en 2007 [167], sería lograr la introducción de urnas electrónicas en el futuro. Como vimos en los capítulos anteriores, es posible robarse la elección aun teniendo evidencia escrita, imagínense lo que sucedería si ésta no existiera.

**Figura 87. Programador Eugene Curtis de la Florida
atestiguando en el 2004 acerca de la manera en que
se puede hacer un fraude en urnas electrónicas
sin que pueda ser detectado [168]**

Los ejemplos de las elecciones presidenciales recientes en EEUU ilustran lo que se puede lograr cuando se manipulan los medios electrónicos de registro de votos. El 3 de junio de 2010, la compañía Diebold, productora de las máquinas de conteo de votos, aceptó pagar al gobierno federal de los EEUU $25 millones de dólares por el fraude cometido en el 2004 en las elecciones en el estado de Ohio [154,168]. Curiosamente, esa misma compañía —junto a las mexicanas "Ingeniería en Procesamiento Digital" y "e-Desarrollo de Sistemas"— ya han enviado prototipos de urnas electrónicas para su uso en México.

De igual manera, antes de la elección de 2012 el grupo *Velvet Revolution*, ofreció una recompensa de un millón de dólares a quién encontrara maneras en las que la elección presidencial de los EEUU estaría siendo robada electrónicamente [169]. De manera independiente, el grupo *Anonymous* presentó un video en el que advertían a Karl Rove, ex funcionario de la administración de George Bush, que no intentara ninguna maniobra sucia [170], y luego, en una carta a *Velvet Revolution* el grupo asumió responsabilidad —rechazando la recompensa— por el fallo del sistema informático ORCA del candidato republicano Mitt Romney con el que Rove supuestamente estaría tratando de voltear los resultados en tres estados de la unión americana [171].

Figura 88. Oferta de Velvet Revolution para evitar fraude electoral [169] e imagen del video del grupo Anonymous [170]

Voto-x-voto

Cuando el primer libro [1] sugirió el establecimiento del voto-por-voto por ley se pensó que pecaba de optimista, sin embargo, ahora la sugerencia ha sido instituida como ley en la reforma electoral 2007-2008, y a la fecha ha empezado a ser aplicada en elecciones estatales, ver por ejemplo el caso de Baja California Sur [172].

Sin duda esto es un fruto del plantón de 50 días en el zócalo que siguió al fraude de 2006, y el mérito debe recaer en los miles de participantes del plantón como en los sufridos habitantes de la Ciudad de México, quienes prestaron oídos sordos a los medios desinformativos y se aguantaron el tráfico extra que produjo la asamblea permanente.

Después del fraude del 2012, la recomendación para los habitantes de l *exDFesctuoso* es que sigan teniendo paciencia de santos pues, a la velocidad con que nos acercamos a la verdadera democracia en México, creo que todavía faltan algunos plantones más.

El anulismo

Debido a la situación desastrosa del país tras dos años de presidencialismo priista, antes de las elecciones intermedias del 2015 se generó una campaña muy fuerte acerca de la anulación del voto como manera de protesta. La argumentación, en resumen, era que, debido a que no había opción válida (es decir, todos los candidatos eran igual de malos), lo mejor era votar pero anulando el voto para así mandar un mensaje a los gobernantes. Las falacias de tal argumentación son obvias, por un lado en elecciones intermedias hay miles de candidatos locales y estatales con características propias por lo que no se les puede invalidar a todos de manera general. Por otro lado, suponer que existe un gobierno que escucha y se preocupa por lo que hacen sus súbditos es un pensamiento ilusorio; de ser así desde hace décadas habrían hecho algo por la mitad de la población que no se ocupa en votar.

En realidad es ridículo pensar que el cruzar o no cruzar una papeleta cada seis años pueda resolver los problemas sociales. Echando una mirada a países con inequidades sociales menores que las mexicanas podemos ver que la participación activa en la dirección del país, tanto por medio de sindicatos, partidos y organizaciones sociales, como por medio de un voto masivo fuerte, son requisitos indispensables para lograrlo. El efecto del abstencionismo y la anulación fue resumido por Jean-Paul Sartre décadas atrás cuando afirmó que "el que no vota, vota por el ganador".

Anomalismo académico

El anomalismo debe ser instituido y reconocido como rama académica. La sociedad, como sistema dinámico y complejo, clama por el uso de técnicas científicas para su discernimiento. Existen, sin embargo, barreras de orden común que impiden que esto se logre.

Parte de los problemas que los Anomaleros tuvieron que enfrentar, fueron las aciagas críticas de colegas, jefes y fanáticos de partidos políticos. Así como todos sabemos cómo mejorar la selección nacional de futbol, también todos tenemos opiniones "bien formadas" acerca de la política del país. Y aunque el anomalismo se dio acerca de un tema político, la discusión se destiló a datos y cálculos, y ahí lo único que cuenta es la labor científica y no las opiniones. Por esto, el anomalismo debe ser llevado al foro adecuado: el académico [173,174][5].

Para evitar que estas presiones detengan el avance del conocimiento de los procesos electorales, hay que elevar su estudio a un nivel de investigación científica, y el INE deberá de fomentar tal actividad por medio de seminarios, talleres, premios, fondos de ayuda, etcétera. Deberemos, todos los Anomaleros, fomentar esta rama de la ciencia aplicada, apoyar la creación de revistas arbitradas de talla internacional, la participación en foros electrónicos de discusión, la asistencia a conferencias y escuelas enfocadas en el estudio de esta parte de la mecánica de la sociedad, entre otras actividades. Los científicos, la gran mayoría, vivimos de fondos públicos, ¿qué mejor manera de aumentar nuestra contribución a la sociedad que saneando y vigilando la democracia?

Para cerrar con notas positivas, un avance importante es la publicación en las páginas del Instituto de Física de la UNAM del estudio que el estudiante Carlos Prieto hizo acerca del PREP de 2012 [175]; aunque no oficialmente,

---

[5] Este problema al parecer es universal, políticos y analistas rusos le han recomendado al matemático ruso Sergei Shpilkinaha que deje de molestar con sus "complejos cálculos matemáticos" con los que demuestra fraude en las elecciones rusas del 2008. Esos rusos no aguantan nada, Shpilkinaha lo único que usó fue la simple prueba del último dígito.

este hecho reconoce el valor de tal estudio y alienta a los lectores (de forma principal a científicos en activo y en formación) a interesarse en estos temas. Un segundo logro fue, sin duda, el diplomado para el manejo de datos electorales que Samuel Schmidt, Jesús Ibarra Salazar, Macario Hernández Garza y el autor ofrecieron en el Instituto Estatal Electoral de Chihuahua en marzo del 2015, y que fue patrocinado por El Colegio de Chihuahua, el Tribunal Supremo de Justicia de Chihuahua, el Instituto Estatal Electoral de Chihuahua y el Tribunal Estatal Electoral de Chihuahua; el autor y los participantes de tal diplomado esperan que éste sea el primero de muchos diplomados más.

Conclusión de conclusiones

Llegamos al final con un panorama que no creo que sorprenda a nadie: el fraude existe, es detectable por los métodos científicos, y se debe de incluir en todo análisis que se juzgue razonable (atención politólogos).

Al igual que en la física, los problemas sociales se pueden plantear como una suma de fuerzas, en el caso de las elecciones es altamente educativo ver la evolución de estas fuerzas desde 1988 hasta nuestros días. Como se explica en cualquier libro de texto de física básica, el primer paso para resolver un problema de suma de fuerzas es identificar las fuerzas, el segundo es hacer un diagrama de fuerzas para ver cuales se oponen a cuáles y cuáles se ayudan entre ellas, y el tercero es sumar las fuerzas y obtener la resultante.

Respecto a las elecciones, en el primer paso, anteriormente se creía que tan sólo había tres fuerzas, cuatro a lo más: los partidos políticos. La práctica, sin embargo, nos dice que hay varias fuerzas más que aparecen cuando se les necesita.

Como vimos en el primer capítulo, una fuerza omnipresente pero mucha veces ignorada es la del gobierno en turno. En 1988 el ingenuo de Cárdenas pensó que tan sólo había tres fuerzas principales: PRI, PAN y su Frente Democrático Nacional y, como según encuestas su FDN era superior a las otras fuerzas, él debería triunfar; el ignorar a la fuerza oculta del gobierno le costó la presidencia,

Desde lo 'oscurito' esa fuerza asesinó activistas políticos, estableció un sistema de cómputo fraudulento, paró el flujo de información, acalló a los medios, modificó resultados, y le dio el triunfo de manera ilegal a Carlos

Salinas de Gortari. ¿Por qué alguien tan experimentado como Cárdenas decidió ignorar la fuerza del gobierno? Tal vez pensó que su estirpe lo protegería de ese tipo de problemas.

Lo que podía haber nivelado la balanza hubiera sido la fuerza oculta de una negociación anterior a la elección con el propio gobierno, o la fuerza muy visible de una intervención del ejército posterior a la elección para meter en cintura a los civiles fraudulentos, lo que hubiera llevado a un baño de sangre.

En ese caso, el valor de los cálculos de Barberán fue evidenciar la existencia de esa fuerza invisible y sus efectos. Ahora sabemos que existe y que debe ser tomada en cuenta, aunque al principio no aparezca.

En la elección presidencial de 1994 dos fuerzas nuevas hicieron su debut en la política nacional. Por primera vez la fuerza de los empresarios de dejó sentir cuando, desde lo oscurito, Salinas les pasó la charola para que cooperaran con la campaña del candidato del PRI. La segunda fuerza nueva que tuvo relevancia fue la de los medios que hasta ese entonces había estado medio dormida; luego del magnicidio de Luis Donaldo Colosio, se organizó una campaña de miedo que facilitó el triunfo de Ernesto Zedillo Ponce de León.

En el 2000, por primera vez entraron a la luz pública las fuerzas extranjeras: "Los amigos de Fox". Curiosamente la fuerza gubernamental investida en Zedillo decidió jalar en dirección opuesta al partido oficial (PRI), poniendo en claro que, al igual que la tierra, "el gobierno es de quien lo trabaja".

En ese momento el gobierno, que había sido creador de sindicatos, paraestatales y controlador de industrias, pasó a ser un instrumento a la venta del mejor postor, que en aquel entonces eran los banqueros y compañías de energía, ambos transnacionales. Prueba de ello es que Fox celebró su triunfo electoral en la isla de Roberto Hernández, entonces dueño de Banamex, mientras que Zedillo era ungido como miembro de exclusivas mesas directivas de consorcios internacionales.

Pero fue en el 2006 cuando la coalición de todas esas fuerzas ocultas se dio de manera sin precedente. Los medios, el Consejo Coordinador Empresarial, el gobierno y su IFE y su Tribunal, los dos partidos PRI y PAN, y hasta la religión oficial[6] se sumaron vectorialmente en la dirección opuesta a López Obrador para poder lograr su derrota.

---

[6] En Morelia en abril se repartieron imágenes religiosas con la leyenda "Espíritu Santo: llena nuestros corazones [...] Te pedimos por Felipe para que lo protejas [...] en

De nuevo, ¿por qué alguien tan experimentado como López Obrador decidió ignorar todas esas fuerzas ocultas? Él estaba consciente de la fuerza del gobierno debido a los problemas del desafuero, ¿por qué no anticipar el fraude? Las encuestas anteriores a la elección lo situaban varios puntos porcentuales arriba de los demás candidatos, tal vez pensó que esa ventaja impediría que se diera el fraude, o tal vez todos los candidatos de la oposición son ingenuos.

Lo que podía haber balanceado las fuerzas hubiera sido la fuerza oculta de una negociación anterior a la elección con los medios, los banqueros, Slim, etcétera. Por el contrario, una fuerza posterior hubiera podido ser una intervención del ejército, que en aquel entonces no estaba tan cercano al poder presidencial como ahora.

Finalmente, en 2012 y 2017 la fuerza de la corrupción directa (en pesos y centavos) se sumó a todas las fuerzas anteriores produciendo una resultante aún mayor; la esperanza en México cayó tan bajo que se vendió hasta por diez pesos.

Por el lado positivo, los cálculos de los Anomaleros, desde Barberán hasta el presente, sirvieron para evidenciar el fraude más allá de cualquier duda razonable. El análisis histórico del presente libro sirve para establecer lo perenne de estas estafas públicas y la capacidad de los estudios de señalar a los ejecutores de los fraudes.

Una vez hecho esto, volviendo al presente, vemos que —puesto de la manera más clara posible— hay intereses, nacionales e internacionales, legales e ilegales de por medio que impiden que la fuerza conformada en el 2006 y mantenida hasta el 2017 deje de operar.

En conclusión, los organizadores de los fraudes tienen todos los hilos en su poder y seguirán controlando elecciones siempre que sea necesario, es decir, en caso de que algún candidato no alineado tenga posibilidades de llegar a la presidencia. Todo candidato que ignore al fraude como fuerza política está condenado al fracaso.

---

esta noble tarea por tener un México mejor". En mayo, en el día de la Santa Cruz se repartieron imágenes de la Virgen de Guadalupe firmadas por Calderón a los trabajadores de la construcción; estos y otros hechos sentaron las bases para un juicio de inconformidad frente al TRIFE quien, "gracias a Dios", desechó los cargos.

Apéndice

*Para que funcione la tecnología, la realidad
se debe anteponer a las relaciones públicas.*
RICHARD FEYNMAN

Prontuario de técnicas

Para convertirse en Anomalero no es necesario ser científico. La mayoría de los estudios realizados en realidad no requieren de matemáticas más avanzadas que las que aprendimos en secundaria. A "petición popular" este apéndice proporciona una guía breve para empezar a dominar algunas de las técnicas usadas. A manera de aviso comercial, me pongo a la disposición de los interesados para impartir conferencias y talleres acerca de estos métodos.

Datos temporales del PREP

En los capítulos 2 y 4 de este libro se presentaron estudios hechos con datos temporales del PREP, es decir, con la información presentada por el IFE a diferentes tiempos en las horas posteriores al cierre de casillas. Esos datos constituyen una serie de tiempo y su estudio incluye correlaciones de avances de votos, ordenamientos, extrapolaciones, etcétera.

Debido al carácter efímero de esos datos, no hay un método formal para obtenerlos y la manera más sencilla —aunque intensa manualmente— es copiando y guardando las imágenes de la actualizaciones de la página del PREP, para después transferir la información manualmente a una hoja de trabajo. Una manera fácil es capturar el contenido de cada actualización seleccionándolo con el ratón y copiándolo en una hoja de trabajo. Alguien ducho en la computación, como el Dr. Mochán, puede hacer que la computadora haga la captura por sí misma [176].

Como obtener los datos oficiales

Los datos oficiales de elecciones federales desde 1991 se pueden conseguir en la antigua página de internet del IFE [177] o la nueva del INE [178]. Escogiendo la información del año, tipo de elección y agregación geográfica que se desee, es posible copiar el archivo con los datos accionando el ícono de disco; la información, sin embargo, está escrita sin formato (ver figura) y requiere de cierto procesamiento para ser usada.

Figura 89. Formato del archivo provisto por el IFE/INE

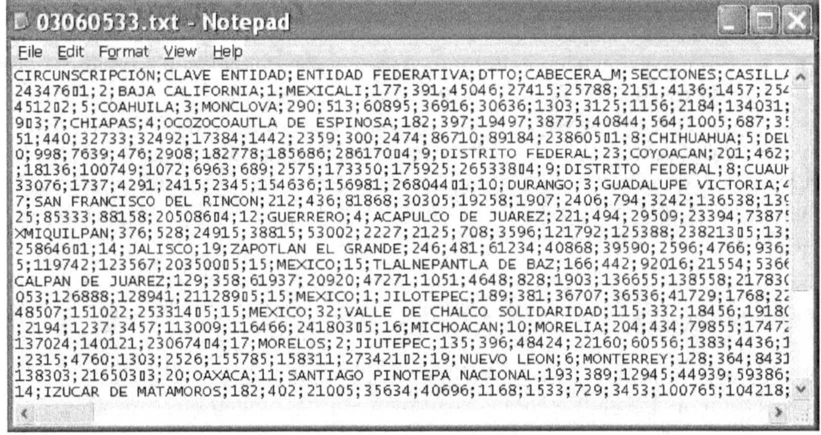

Consistencia de los datos

Como se vio en la sección "La exactitud de una elección", es posible medir la sanidad de los datos electorales con simples sumas y restas; en esta sección veremos cómo elaborar algunas de esas pruebas.

En esa sección vimos que en elecciones presidenciales es posible encontrar información por distrito conteniendo identificación del distrito (circunscripción, clave de entidad, entidad federativa, distrito, cabecera, núm. de secciones, y núm. de casillas) seguida por la cantidad de votos recibidos por cada partido o alianza, más los de los candidatos no registrados, los votos nulos, los válidos, el número total de votos recibidos, y el número de votantes en la lista nominal.

La tabla siguiente muestra un ejemplo obtenido del archivo "03060533. txt" correspondiente a la elección presidencial del 2006.

Figura 90. Datos del archivo "03060533.txt" de la elección presidencial del 2006

Aguascalientes 2, No. de secciones = 222, No. de casillas = 419									
PAN	ApM	PBT	Va_A	ASDC	No_Reg	Nulos	Válidos	Total	Lista
61235	34840	36562	1800	6789	1477	2586	142703	145289	243347

La "ley de conservación de votos" implica que las siguientes igualdades y relaciones deben ser respetadas a nivel de distrito:

$$PAN+ApM+PBT+Va\_A+ASDC+No\_Reg = Válidos$$
$$Válidos + Nulos = Total$$
$$Total \leq Lista$$
$$Válidos \leq Total$$
$$No.\ de\ casillas \times 760 \leq Total$$

Esta última regla viene del hecho que el número máximo de votos que puede haber en una casilla es de 760 votos. Se invita al lector a que verifique estas relaciones con los datos de la tabla.

Todas estas pruebas pueden ser implementadas fácilmente poniendo los datos en una hoja de trabajo de *e.g. Microsoft Office Excel* o *OpenOffice Calc*. La búsqueda de casillas que exceden el máximo número de votos pueden ser implementada, por ejemplo, con el comando:

=COUNTIF(D18:D30;">760")

donde "D18:D30" ejemplifica la lista de celdas que contienen el número de votos en cada casilla.

Otras pruebas relacionadas consisten en buscar casillas o distritos en los que la información está incompleta, es decir donde no esté dada alguna cantidad, como el número total de votos, etcétera. Esto se puede medir con la función:

=COUNTBLANK(I19:I33)

La cual contará el número de celdas sin información en el rango "I19:I33", por usar algo.

Estandarización

Para estudios como los de Hall y Davies conviene estandarizar los datos a porcentajes. Los porcentajes de votos, por ejemplo, se obtienen fácilmente por medio de:

PAN/Válidos*100

Y expresiones similares para los demás partidos. Asimismo los porcentajes de participación y de votos nulos se pueden calcular con:

(Válidos + Nulos)/Total*100
Nulos/Total*100

Con los datos transformados en porcentajes es posible calcular promedios de votos recibidos y desviaciones usando las funciones:

=AVERAGE(P1:P45)
=STDEV(P1:P45)

donde "P1:P45" se refiere a los datos a promediar. Para encontrar, por ejemplo, aquellos distritos o casillas donde el porcentaje de votos excedió el promedio de manera excesiva, se puede usar:

=STANDARDIZE(P12;A;S)

Función que regresa la desviación que un porcentaje dado en "P12" tiene del promedio "A" en unidades de la desviación estándar "S"; aquellos promedios que resulten con un valor, digamos, fuera del rango de ±1.5 desviaciones estándar estarán demasiado alejados del promedio y requerirán de más estudio. El mismo procedimiento se puede usar para buscar casillas y distritos con porcentajes altos o bajos de abstención, o anulación de votos.

Correlaciones

Teniendo las columnas en porcentajes es posible buscar correlaciones sospechosas entre, digamos, casillas con anulación excesiva de votos y aquellas con recepción excesiva de votación. Un primer vistazo a esto se puede logra con la función:

$$=PEARSON(A1:A17;B1:B17)$$

donde "**A1:A17**" y "**B1:B17**" se refieren, por ejemplo, a los porcentajes de anulación y votación; resultados que tengan coeficientes de Pearson altos, digamos mayores que 0.7 y menores que menores —0.7, merecerán atención especial.

Último dígito

Estudios como el de los últimos dígitos (ver Apéndice II) requieren que uno extraiga el último o penúltimo dígito del número de votos recibidos en las casillas o distritos. Esto se puede lograr operando con las siguientes funciones de OpenOffice Calc los datos de la columna de votos (no porcentajes):

$$=RIGHT(D4;1)$$
$$=LEFT(RIGHT(D4;2);1)$$

Ya obtenidos los dígitos se deberán contar los ceros, unos, etcétera., lo que se puede lograr usando:

$$=COUNTIF(I12:I357; "0")$$

El cual regresará el número de veces que el "0" aparezca en las celdas "I12:I357"; repitiendo para los demás dígitos ("1", "2", ... "9") nos dará el conteo final que se tendrá que promediar respecto al total. Aquellos casos en que el resultado sea mayor de, digamos, 13% o menor de 7% deberán ser examinados con más atención.

Con esta información también es relativamente sencillo comparar la distribución de últimos o penúltimos dígitos con la de Benford pero, como se vio en el libro anterior [1], eso no pasa de ser más que un ejercicio masoquista que hace que uno calme el espíritu auto-flagelándose, pero no ayuda en lo más mínimo al estudio de elecciones.

Y hasta aquí esta pequeña guía. Otros estudios, como el del "camino aleatorio" o la medición de la normalidad de las distribuciones de porcentajes, y otros están descritos anteriormente y explicados en detalle en el primer libro.

Métodos de prevención

La manera más eficaz de no perder una elección por fraude es teniendo representantes en todas las casillas; una segunda idea -tal vez más difícil que la anterior— es aumentando el número de votantes.

La primera asegura tener un mínimo de supervisión sobre el proceso electoral y, en caso de irregularidades, poder impugnar la casilla. El segundo punto hace que el número de rellenos y desapariciones de votos necesarios para lograr un porcentaje deseado en un fraude sea mucho más grande.

Antes de la votación

Es conveniente educar a la población de los posibles trucos que se usan para lograr los fraudes electorales. Por ejemplo, aquellos que por presiones sindicalistas, de empleo o por simple venta de votos se vean forzados a participar en alguna "catafixia" o en el fraude de la "foto" podrán escaparse de la siguiente manera.

La "catafixia" consiste en forzar a alguien a votar por cierto candidato dándole de antemano una boleta marcada para que la deposite, y exigiéndole que al salir éste entregue una boleta en blanco. La "foto" consiste en forzar al votante que le tome la foto a la boleta para corroborar que el voto es a favor de cierto candidato. Aquel individuo que no quiera votar por el candidato asignado, puede cruzar la boleta que le entregaron por otros candidatos para anular la boleta antes de depositarla, o cruzar otros candidatos después de tomar la foto. Desgraciadamente, aunque estas soluciones impiden el hurto, hacen que el votante pierda un voto para el candidato de su predilección.

Durante la votación

Hay que asegurarse que los representantes de casilla sean los correctos y que ninguno fue reemplazado en el último minuto. Trucos comunes para eliminar representantes incluyen el que un supuesto agente del INE recoja las credenciales de votar de los representantes "para verificación" con la subsiguiente desaparición, al llegar el representante verdadero del INE y encontrar funcionarios de casilla sin credencial, éste se verá forzado a eliminarlos.

Los representantes de casilla deben estar bien alimentados y nunca ceder a la tentación de ir a las "carnitas" a las que fueron invitados por un vecino amable, dejando la casilla sin supervisión.

Así como las urnas transparente ayudan a reducir el "embarazo" y a erradicar los "tacos", ahora es necesario eliminar la cortina, o al menos usar cortinas o mamparas transparentes para impedir el robo de votos por "catafixia" o "foto". Éstas se pueden detectar después del cierre de casillas en el conteo de los votos, por medio de boletas marcadas con plumas o colores distintos a los provistos en la casilla.

El problema que se esperaba que causara dolores de cabeza en 2012 es el que ciudadanos ahora puedan votar sin la credencial de elector dado que tengan una "sentencia favorable" del Tribunal Electoral del Poder Judicial de la Federación [179]. Afortunadamente este problema no se dio en 2012, pero como precaución en el futuro los partidos deberán pedir listados de todas las sentencias emitidas por el TEPJF y distribuirlas entre sus representantes para que éstos puedan evitar que vote gente con documentos falsos.

También, debido a que tales individuos podrán votar en cualquier casilla, se pueden prestar al fraude conocido como "carrusel" en el que mismos votantes votan en varias casillas. Esto se puede eliminar marcando "por error" varios dedos de la mano para que sea más difícil su limpieza, asimismo se deberá listar al votante sin credencial en una página pública de internet o boletinarlo por texto telefónico para que todas las demás casillas puedan tener acceso a su nombre e impidan el "carrusel".

Después de la votación

Los consejeros de todos los distritos tienen la obligación a exigir apertura de paquetes cuando se encuentren "errores evidentes" en las actas. La lista de errores posibles es muy grande y los consejeros deberán estudiarla con anticipación. No se debe de confiar de los "asistentes electorales", quienes tan sólo tienen algunas pocas funciones asignadas a ellos y por ningún motivo deben de entrometerse en el trabajo de los funcionarios de casilla.

Muchas fueron las denuncias de gente operando de noche en los centros distritales la noche antes del conteo distrital de 2006, y muchas fueron las evidencias de fraude encontradas luego: boletas depositadas sin doblar, cientos de boletas marcadas de manera idéntica, denuncias anónimas en blogs, etcétera. La vigilancia de las 300 cabeceras de distritos electorales es también responsabilidad de los partidos, y se debe de implementar de manera regimentada y con uso de grabadoras de vídeo permanentes desde antes de la elección y cierre de casillas, hasta el fin del conteo distrital. El diagrama adjunto muestra las acciones recomendadas por el Ing. Ibarra para evaluar correctamente la validez de cada una de las actas.

Figura 91. Diagrama de flujo
para la evaluación de las actas

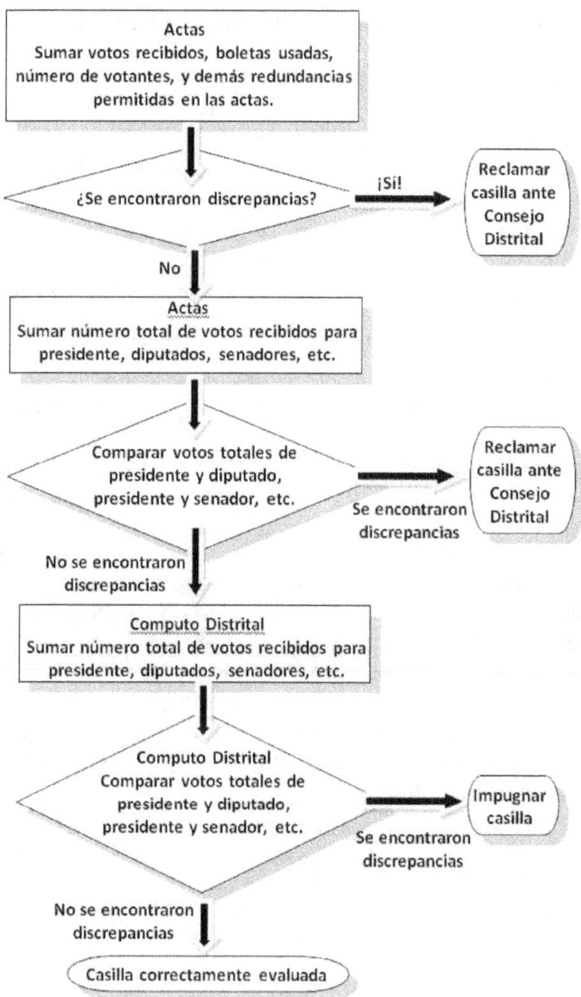

A futuro: Blockchain

A raíz de los problemas que se han tenido en las elecciones recientes en EEUU se ha empezado a generar un consenso acerca de una tecnología relativamente nueva que podría eliminar posibles fraudes cibernéticos, la llamada "Cadena de bloques" o *Blockchain* en inglés. El método de cadena de bloques fue aplicado por primera vez en 2009 como parte de las transacciones de venta y compra de Bitcoins, hoy en día se usan en las nubes de datos, financiamiento colectivo (*crowfunding*), y muchas otras áreas más incluyendo el manejo de votos en elecciones [180].

En sí, una cadena de bloques es una base de datos en la cual los datos se publican en bloques secuenciales, cada uno fechado y ligado al bloque anterior, y sellado para impedir su modificación. Los bloques se almacenan ordenados en el tiempo y sin posibilidad de modificación. Para impedir la alteración de los datos, cada cadena se replica de manera automática en un número grande de servidores, los cuales, en el caso electoral, podrían ser los servidores de los distritos electorales, los de los partidos, observadores, etcétera.

La transmisión entre servidores se da por medio del método *Peer-to-Peer* (P2P), o red de pares en español, que habilita la transmisión entre cualquier par de servidores sin necesidad de una autoridad central. Así mismo este método permite la verificación redundante de la información al comparar datos obtenidos de un servidor con los datos recibidos de un segundo. Un bloque de datos se da como recibido y verificado cuando esta comparación entre todos los nodos arroja resultados positivos. Después de la verificación el bloque se sella para no ser modificado nunca jamás, se agrega a la cadena de cada nodo de manera permanente, y se publica en todos los sitios de internet de cada uno de los servidores participantes, para verificación pública. La figura muestra los pasos a seguir para la creación de la cadena de bloques.

Figura 92. Diagrama de flujo del método
de almacenaje Blockchain

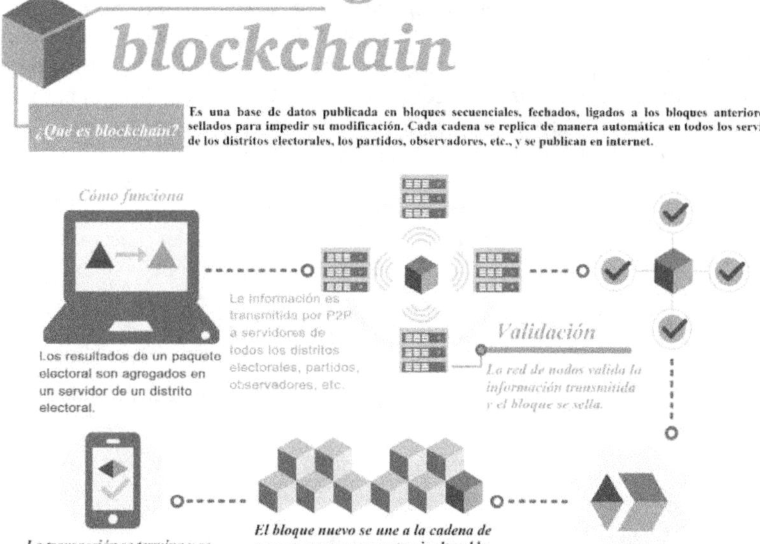

En el caso electoral mexicano, los bloques podrían ser los resultados de cada uno de los cerca de 150 mil paquetes electorales, y los nodos serían los servidores de cada uno de los 300 distritos electorales, de los partidos políticos, y de organizaciones no gubernamentales, grupos de observadores, etcétera. Los méritos de esta arquitectura son su incorruptibilidad, la facilidad de verificación de datos, la permanencia de los récords, y el hecho que no pueden ser eliminados ni falseados (como los del PREP) pues no existen en un solo lugar sino en todos los nodos a la vez. La tecnología para aplicar la cadena de bloques en las elecciones mexicanas existe, es de código abierto (*open source*), y gratuita. Me pregunto ¿existirá la voluntad política para implementarla?

Por supuesto que esta última es una pregunta retórica. Como se ha demostrado en este libro, las elecciones no son más que un instrumento que le permite al grupo en el poder (llámese PRIANRD, Atlacomulco, mafia en el poder, etcétera) legitimar su continuidad en el poder. Tienen las organizaciones políticas, tienen el control cibernético de las elecciones, tienen los fondos (legales e ilegales) para comprar votos y pagar mapaches, tienen el control del Tribunal Electoral del Poder Judicial de la Federación y de la Fiscalía Especializada para la Atención de Delitos Electorales, y los medios para seguir engañando al adormilado pueblo. Si todo esto les sigue redituando ganancias millonarias a todos los participantes, ¿por qué habrían de cambiar algo que funciona tan bien?

Referencias

1. López Gallardo, Jorge Alberto *(2006)*, *¿Fraude Electoral?* 2009, Chihuahua, Chih., México: Doble Hélice.
2. López Gallardo, Jorge Alberto *(2012)*, *¿Fraude Electoral?* 2012, Guadalajara, Jal., México: Universidad de Guadalajara.
3. López Gallardo, Jorge Alberto *(2015)*, *Estudios Científicos de Fraudes Electorales en México*, México, D.F., México: Plaza y Valdés.
4. Blevins, L. (2013), *Perspectives El Paso: Electoral fraud and political reform in Mexico*, 15 de octubre, disponible en www.youtube.com/watch?v=S8K218NgiYA.
5. Carrillo, R. (2012), *Las matemáticas del fraude*, *Reporte Índigo*, 7 de junio, disponible en www.reporteindigo.com/reporte/mexico/dos-lecturas-del-2012.
6. Díaz de León, A. (2012), *Papel de la ciencia en las elecciones*, *Caja Negra*, 11 de julio, disponible en www.colloqui.org/colloqui/2012/7/11/papel-de-la-ciencia -en-las-eleccciones.html.
7. Edwards-Tieker, B. (2012), *#Yosoy132 y el fraude electoral en KPFA Berkeley*, *Colloqui*, 30 de junio, disponible en www.colloqui. org/colloqui/2012/6/30/ yosoy132-y-el-fraude-electoral-en-kpfa-berkeley.html.
8. Galindo, L. (2012), *Entrevista*, *Colloqui*, 20 de junio, disponible en www.colloqui.org/colloqui/2012/6/20/entrevista-con-cafe-con-leche-de-lilia-galindo.html.
9. Gutiérrez M.y M. White (2012), *Entrevista*, *Colloqui*, 23 de junio, disponible en www.colloqui.org/colloqui/2012/6/23/entrevista-con-marcos-gutierrez-de-hecho-en-california.html.

10. Molinet, J. A. (2012), *Sí hubo fraude en el 2006*, Diario de El Paso, 5 de mayo. Obtenido desde http://diario.mx/El_Paso/2012-05-05_8a459644/.

11. López, C. y S. Orozco (2012), *Entrevista en Línea Abierta*, Radio Bilingüe, Oakland, 10 de julio, disponible en www.colloqui.org/colloqui/2012/7/10/linea-abierta-desde-oakland-california-2-de-julio-2012.html; *ibid*, 2012, 19 de junio, disponible en www.colloqui.org/colloqui/2012/6/19/entrevista-con-linea-abierta-de-radio-bilingue.html.

12. Otero Calderón A. (2012), y A. del Hierro, *Entrevista en Hilo Directo*, RadioNet, Cd. Juárez , 26 de noviembre, disponible en www.colloqui.org/colloqui /2012/11/26/entrevista-con-hilo-directo-parte-1-de-4.html.

13. Ramírez, M.E. (2012), *Entrevista en Voz Pública*, Línea *Abierta Edición* México, Radio Bilingüe, México D.F., 14 de noviembre, disponible en www.colloqui.org /colloqui/2012/10/14/entrevista-en-programa-voz-publica-con-martha-elena-ramirez.html.

14. Schwebel, L. (2012), *Rendijas*, OchoTV, Guadalajara, 18 de julio, disponible en www.colloqui.org/colloqui/2012/7/18/el-complo-1-de-2-rendijas-con-leonardo-schwebel-ochotv.html.

15. Tapia, R. (2012), *Entrevista en Enfoque Latino*, Radio Pacífica, Los Ángeles, 8 de julio, disponible en www.colloqui.org/colloqui/2012/7/8/radio-pacifica-voto-de-migrantes-en-tijuana-y-deteccion-del.html; *ibid*, 2012, 18 de junio, disponible en www.colloqui.org/colloqui/2012/6/18/entrevista-con-enfoque-latino.html.

16. Washington Valdez, D. (2012), *Poll prd candidate mexican front runner nearly tied*, El Paso Times, El Paso, 1 de junio, disponible en www.elpasotimes.com/ci_20756671/poll-prd-candidate-mexican-front-runner-nearly-tied; *ibid*, M*exico's top drug kingpin Chapo Guzman could sway election.* 2012, 5 de mayo, disponible en www.elpasotimes.com/news/ci_20553866/mexicos-top-drug-kingpin-chapo-guzman-could-sway.

17. Pérez Rucobo, J.C. (2016), Podcast *El fraude Cibernético*, 30 de mayo, obtenido desde: http://us.ivoox.com/es/filosofia-a-ras-suelo-30-mayo-2016-audios-mp3_ rf_ 11721261_1.html

18. Castañón, A. (2016), *Presentan libro sobre fraudes electorales*, 15 de abril, obtenido desde: http://diario.mx/micrositios/Elecciones-2016/Estado/2016-04-15_8ead8ea4/presentan-libro-sobre-fraudes-electorales/.

19. Tapia, A. (2017), *#Sinvotonohaydinero*, Reporte Nivel Uno, 14 de febrero, obtenido desde: https://issuu.com/reporteniveluno/docs/ reporte-nivel-uno_ interiores_febrer_373a066501a702/34.

20. Noticiero Televisa (2001), *Vinculan a los Salinas con el narco*, 24 de agosto, disponible en www.esmas.com/noticierostelevisa/131573.html.

21. Bowden, C. (2002), *Down by the River*: Simon and Schuster.

22. Reforma (1996), *Prosecutors claim brother of ex–president had ties with García* Ábrego, 22 de mayo.

23. Rodríguez Reyna, I. (1996), *Revelan nexos Raul-narco*, Reforma, 22 de mayo, disponible en https://groups.google.com/forum/?hl=es&fro mgroups=#!topic/ soc.culture.mexican/rTmxjGmb78w

24. Ross, J. (2008), *The demise of México's* PRD, 17 de mayo, disponible en www. counterpunch.org/ross05172008.html.

25. Torres, J. (2004), *Teoría de la conspiración.* Contralínea, disponible en www. contralinea.com.mx/c19/html/politica/conspiracion.html.

26. Herrera Cornejo, A. (2007), *2 de julio, Cambio de Michoacán*, 5 de Julio, disponible en http://www.cambiodemichoacan.com.mx/ vernota.php?id=65068.

27. Henry, J.S. (2004), *The Theft of Mexico: How the 1988 Mexican Presidential Election Was Rigged.* Submerging markets, 16 de mayo, disponible en http://bloodbankers.typepad.com/submerging_ markets/TheftofMexico32004.pdf

28. The New York Times (2006), *About that close election* ..., 15 de marzo, disponible en http://select.nytimes.com/gst/abstract. html?res=FA0613F7345A0C768DD DAA0894DC404482.

29. Anaya, M. (2008), *1988: el año que calló el sistema*, México D.F., Debate.

30. De la Madrid, M. (2004), *Cambio de rumbo*, México D.F., Fondo de Cultura Económica.

31. Ramales Osorio, M.C. (2009), *México: fraudes electorales, autoritarismo y represión. Del Estado benefactor al Estado neoliberal, Contribuciones a las Ciencias Sociales*, julio, disponible en http://www.eumed.net/rev/cccss /05/mcro.htm.

32. Gutiérrez, F. and Y. Serbolov (1988), *El descubrimiento de "claves secretas" pudo haber provocado la caída del sistema de computo electoral, El Financiero*, 11 de julio.

33. Gutiérrez, F. and Y. Serbolov (1988), *Acceso por igual de los partidos a los datos del sistema de cómputo dela CFE, dice el* PRI, *El Financiero*, 12 de julio.

34. Gutiérrez, F. and Y. Serbolov (1988), *"Caídas", las computadoras del sistema electoral del* PRI, *El Financiero*, 13 de julio.

35. Serbolov, Y., J.J. Guadarrama, and L. Rangel (1988), *Ningún ocultamiento de datos "cibernéticos" a la oposición, El Financiero*, 12 de julio.

36. Serbolov, Y. and F. Gutiérrez (1988), *Detectó el* PAN *el "Fraude Cibernético"; Clave secreta para acceder a los resultados electorales, El Financiero*, 11 de julio.

37. *El Financiero* (1988), *Crónica cibernética de las elecciones*, 11 de julio.

38. Barajas, R. (2002), *Barberán era una paradoja viviente, La Jornada*, 12 de julio, disponible en http://www.jornada.unam. mx/2002/07/12/048n1soc.php? origen=soc-jus.html.

39. Barberán, J., *et al.* (1988), *Radiografía del fraude: Análisis de los resultados oficiales del 6 de julio*, México D.F.: Nuestro Tiempo.

40. Horcasitas, J.M. (1988), *El Lecho el Gauss o la Campana de Procusto, Elecciones a Debate*, A.S. Gutiérrez, Editor, Diana: México D.F.

41. *El semanario* (2009), *Yo gané en 1988, no hubo fraude: Salinas de Gortari*, 12 de enero, disponible en http://economia.terra.cl/noticias/noticia.aspx?idNoticia =200901121601_INF_391142

42. Redin, A. A. (1995), *Perspective Series: Mexico and human rights*, julio, disponible en www1. umn.edu/humanrts/ins/mexico95.pdf.

43. U.S. Department of State (1995), *Mexico, country report on human right practices*..

44. Infante, J.M. (2005), *Elecciones en México: restricciones, fraudes y conflictos*. Confines, 1/2, p. 65-78.

45. York, A. (2000), *Eliminating fraud–or democrats*. Salon News, 8 de diciembre, disponible en http://archive.salon.com/politics/feature/2000/12/08/integrit y/index.html.

46. Palast, G. (2006), *Mexico and Florida have more in common than heat*, 8 de julio, disponible en www.gregpalast.com/mexico-and-florida-have-more-in-common-than-heat/.

47. Information Clearing House (2003), *U.S. government purchase data on Mexico's 65 million registered voters*, 1 de mayo, disponible en www. informationclearinghouse.info/article3186.htm.

48. Hernández, J. (2006), *Fraude Instantáneo, La Jornada*, 20 de junio, disponible en http://www.jornada.unam.mx/2006/06/20/index. php?section=opinion& article=004o1pol.

49. Palast, G. and M. Pascarella (2006), *Grand Theft Mexico*, 3 de julio, disponible en www.gregpalast.com/stealing-it-in-front-of-your-eyes.

50. ChoicePoint (2006), *ChoicePoint's Mythical Role in Elections Past and Present*, 7 de agosto; eliminado del sitio de ChoicePoint.

51. Córdoba, C.A. (2006), *Hildebrando: bonanza meteórica, Noroeste (APRO)*, 12 de junio, disponible en http://www.noroeste.com.mx/ publicaciones.php? id=177580.

52. Cervantes, J. (2006), *Secreto de dos ISOSA-Hildebrando, Proceso*, No. 1564, P. 6-9, 22 de octubre.

53. González, R. y J. A. Zuñiga (2006), *Hubo nexos entre ISOSA e Hildebrando SA de CV, La Jornada*, 9 de junio, disponible en http:// www.jornada.unam.mx/2006/ 06/09/index.php?section=politica&ar ticle=005n1pol

54. Hernández, J. (2006), *Padrón Hildebrando, La Jornada*, 27 de junio.

55. Muñoz, A. E. (2006), *Sale a la luz el uso ilegal del padrón por parte de Calderón*, La Jornada, 27 de junio, disponible en www.jornada. unam.mx /2006/06/27index.php?section=politica&article=003n1pol.

56. Avilés, J. (2006), *Alerta: el 2 de julio habrá fraude en las computadoras del IFE, La Jornada*, 3 de junio, disponible en http://www.jornada. unam.mx/2006/06/03/index.php?section=opinion&article=004o1pol

57. Reveles, J. (2006), *Las manos sucias del PAN*, México D.F.: Planeta.

58. Mochán, L. (s/f), *Elecciones Presidenciales, México 2006*, disponible en http://em.fis.unam.mx/~mochan/elecciones.

59. IFE (2006), disponible en www.ife.org.mx/documentos/proceso_2005-2006/prep2006/bd_prep2006/bd_prep2006.htm.

60. Jacobs, James Q. (2005), El coeficiente de Pearson mide la correlación del producto de los momentos, y determina si dos variables varían juntas o si son independientes. Un coeficiente de 0.0 indica independencia total de las variables y un valor de 1.0, una dependencia total. Este coeficiente ha sido usado, por ejemplo, en análisis de la votación presidencial de los EEUU del 2004, "The 2004 Election: Analyses, Summaries, Charts, and Spreadsheets", disponible en www.jqjacobs.net/politics/spreadsheets.html.

61. López Gallardo, J.A. (2011), *Métodos matemáticos para el análisis de elecciones*. Memorias del congreso "Uso de las matemáticas en ciencias sociales, Universidad de Guadalajara, disponible en http://wiki.utep.edu/download/attachments/39715320/Congreso-UdG.pdf?version=1

62. Trejo, E. (2006), *Tarjeta Informativa*, 3 de julio, disponible en www.stat.columbia.edu/~gelman/stuff_for_blog/Eduardo%20Trejo%20-%20IFE.pdf.

63. Cervantes, J., J. Villamil, and O. Zavala (2006), *El Juego Oculto*, *Proceso*, 10 de julio.

64. Cortez Zárate, R. (2006), *Algoritmo, trampa científica, Diario Monitor*, 8 de julio, disponible en http://mexicofraude.blogspot.com/2006/07/algoritmo-trampa-cientfica_08.html.

65. IFE (2006), *Programa de Resultados Electorales Preliminares*, disponible en www.ife.org.mx/documentos/proceso_2005-2006/cuadernos/pdf/C5/c5_5-3.pdf.

66. IFE (2006), *Mesa 5 del Seminario sobre el desempeño del PREP 2006*, disponible en www.ife.org.mx/portal/site/ifev2/PREP/?vgnext oid=5c561704fe03f010Vg nVCM1000002c01000aRCRD.

67. Romero Rochín, V. (2006), *Un análisis estadístico del PREP y del Conteo Distrital*, disponible en www.fisica.unam.mx/octavio/A-PREPCD.pdf.

68. Sagardoa, J. (2006), *El verdadero resultado de la elección presidencial*, disponible en http://em.fis.unam.mx/~mochan/elecciones/rodoEl VerdaderoResultado.pdf.

69. Romero Rochín, V. (2006), *Voto rural vs voto urbano. Una opinión*, 18 de agosto, disponible en http://132.248.209.213/votoruralvsurbano.pdf.

70. De Icaza Herrera, M. (2006), *Signos inequívocos de manipulación del PREP*, 15 de agosto, disponible en http://analisis.elecciones2006.unam.mx/prep_1.pdf.

71. Mochán, W. L. (2006), *Elecciones Presidenciales, México 2006*, ver figura 23, disponible en http://em.fis.unam.mx/~mochan/elecciones/#fig23.

72. Aparicio, J. (2006), *PREP y Cómputos Distritales: Análisis de Resultados*, 26 de julio, disponible en http://investigadores.cide.edu/aparicio/elecciones/ analisisprep.pdf.

73. Mebane, W. (2007), *Election forensics: Statistics, recount and fraud*, 10 de abril, disponible en http://www-personal.umich.edu/~wmebane/mw07.pdf.

74. Mansilla, R. (2006), *Análisis de los resultados electorales a partir de la ley de Benford*, disponible en www.fisica.unam.mx/octavio/Analisis%20de%20los%20 resultados%20electorales.pdf.

75. Díaz Cayeros, A. (2006), *La trayectoria de la elección mexicana del 2006*. Centro de Investigación para el Desarrollo, A.C.

76. Romero Rochín, V. (2007), *Evidencias-Fraude-Cyber-II.pdf"*, disponible en www.fisica.unam.mx/octavio/Evidencias-Fraude-Cyber-II.pdf.

77. Wikipedia (2012), Obtenida desde: http://es.wikipedia.org/wiki/Ley_de_los_ grandes_n%C3%BAmeros.

78. López Gallardo, J.A. (2006), *Análisis estadístico del recuento*, 7 de Julio.

79. Avilés, J. (2006), *Video muestra violaciones en siete distritos electorales*, *La Jornada*, 17 de agosto, disponible en http://www.jornada.unam.mx/2006 /08/17/index.php?section=politica&article=003n1pol

80. Avilés, J. (2006), *El TEPJF a punto de consumar el fraude*, *La Jornada*, 12 de agosto, disponible en http://www.jornada.unam.mx/2006/08/12/index.php? section=politica&article=004o1pol

81. *El Universal* (2006), *Apoyan recuento de votos*, 14 de agosto, disponible en http://www.eluniversal.com.mx/paginas/encuestadf.html

82. Fernandez, H. (2006), *Denuncia capturista del IFE presión para favorecer a Calderón en actas*, *El Universal*.

83. Weisbrot, Mark, *et al* (2006), *An Analysis of Mexico's Recounted Ballots*. Center for Economic and Policy Research, disponible en www.cepr.net/publications/mexico_recount_2006_08_espanol.pdf.

84. Romero, V., *et al* (2006), *Informe Análisis Estadístico Elecciones 2006*, 27 de julio, disponible en http://ifeilegal.blogspot.com/2006_07_27_archive.html.

85. Marín, Carlos (2006), *El recuento parcial sí cambio el resultado*, disponible en http://elpedotedefecal.blogspot.com/2006/08/el-recuento-parcial-s-cambi-el.html.

86. Coalición por el bien de todos. *El recuento parcial del Tribunal prueba plenamente el fraude electoral* (2006), 15 de agosto, disponible en www.amlo.org.mx/documentos/desplegado.doc.

87. Weisbrot, M. (2006), L. Sandoval, and C. Paredes-Drouet, *An Analysis of Discrepancies in Mexican Presidential Election Results.* Center for Economic and Policy Research.

88. de Icaza Herrera, M. (2006), *Fraude acromático en las elecciones del 2 de julio de 2006*, 11 de agosto, disponible en http://analisis. elecciones2006.unam.mx/ articulos.html.

89. IFE (2006), *Respuestas del IFE*, disponible en http://em.fis.unam. mx/public/ mochan/elecciones/RespuestasIFE.pdf.

90. A.C. Nielsen (2006), *Análisis sobre errores aritméticos*, disponible en http://cbrayton.files.wordpress.com/2006/11/errores_aritmeticos.pdf.

91. Davies, P. (2006), *Analysis of presidential elections, Mexico 2006*, 16 de agosto, disponible en em.fis.unam.mx/~mochan/elecciones/ archivos/msg00541.html.

92. Hall, R.K. (2006), *Histogramas de la elección presidencial México 2006*, disponible en www.msg.com.mx/~kovalski/IFE2006/ Histogramas/histogramas.html.

93. Wikipedia (2012), *Navaja de Occam*, disponible en http:// es.wikipedia.org/wiki/Navaja _de_Occam.

94. Martínez P. A. (2006), *Científico señala errores en el conteo del IFE (2006)*, disponible en http://www.youtube.com/watch?v=IMX 2Omky0JY& NR=1

95. Rochín, V.R. (2006), *Científico habla de los resultados electorales (Mx. 2006)*, 29 de julio, disponible en http://www.youtube.com/ watch?v=fdkiPHlLsGM& NR=1.

96. *Grabación (y texto) de Elba Esther Gordillo* (2006), 13 de julio, disponible en http://www.youtube.com/watch?v=K0ocGZnTaAo.

97. Roblero,R.A.(2006),*Científicoanalizaresultadoselectorales*,24dejulio, disponible en http://www.youtube.com/watch?v=OZgEM1xMu6U.

98. Guerrero, C. (2006), *Admite* PRD *ausencia en 30,000 casillas, Reforma*, 12 de julio.

99. Luengas, R. (2006), *Ex mapache electoral confiesa.* En Contexto, 22 de septiembre, disponible en www.youtube.com/ watch?v=n4ePHkcgQdo.

100. Scherer, J. (2012), *Calderon de cuerpo entero*, Grijalbo.

101. López Obrador, A.M. (2010), *La mafia que se adueñó de México ... y el 2012*, Grijalbo Modadori, S.A.

102. Instituto Federal Electoral (2008), *Análisis comparativo de la reforma electoral constitucional y legal 2007-2008.*

103. Ibarra Salazar, Jesús (), *Política Electoral*. http://chuyibarra.blog spot.com/

104. Dávila, I. (2012), *Activarán tarjeta La efectiva luego de las elecciones*, *La Jornada*, 11 de mayo, disponible en http://www.jornada.unam. mx/2012/05/11/ estados/031n3est.

105. Proceso (2017), *Humberto Moreira acusa al* PRI *y a su hermano Rubén de "robar" triunfos al Partido Joven*, 5 de junio, disponible en http://www. proceso.com.mx/489731/humberto-moreira-acusa-al-pri-a-hermano-ruben-robar-triunfos-al-partido-joven.

106. Estevez, D. (2013), *The 10 Most Corrupt Mexicans of 2013*, Forbes, 16 de diciembre, disponible en https://www.forbes.com/sites/doliaestevez /2013/12/16/the-10-most-corrupt-mexicans-of-2013/#32a76635720d.

107. *Sergio Saldaña Zorrilla demuestra el fraude del PREP en Edomex* (2017), 7 de junio, disponible en https://www.youtube.com/ watch?v=h_SJC8FPVmU.

108. Olvera, D. (2017), *Algo no checa en Edomex: FOTOS de actas dicen una cosa y el PREP registra otra; llueven ejemplos*, 6 de junio, disponible en http:// www.sinembargo.mx/06-06-2017/3234280.

109. López Gallardo, Jorge Alberto y H. Ortiz (s/f), *Estudios científicos del fraude electoral del 2012*, CreateSpace Publishing, North Charleston, SC, USA, 216 páginas, ISBN: 978-1503161948.

110. Villamil, J. (2010), *La telenovela 2012*, *Proceso*.

111. Espino, M. (2012), *El poder del águila: Felipe Calderón*, Porrúa.

112. Gil Olmos, J. (2012), *La ruptura* PRI-PANAL*: La historia verdadera*, *Proceso*, 28 de enero. Obtenida de: http://www.proceso.com. mx/?p=296365.

113. The Colbert Report (2012), *Mexico's debate playmate*, *Comedy Central*, 9 de mayo. Obtenida de: www.colbertnation.com/the-colbert-report-videos/414026/may-09-2012/mexico-s-debate-playmate.

114. Romero Rochin, V. (s/f), *Comparación del padrón del IFE de 2006 con 2012*, página 11 en Ref. [109].

115. López Gallardo, J. A. (s/f), *Voto rural y la preparación del fraude*, Pp.12-13 en Ref. [109].

116. López Obrador, A. M. (2012), *Juicio de inconformidad por nulidad de la elección*, 12 de julio, disponible en lopezobrador.org.mx/wp-content/uploads/2012/07/ INCONFORMIDADNACIONAL.pdf.

117. Tuckman J. (2012), *Escándalo en los medios de comunicación mexicanos: una unidad secreta de Televisa promocionó al candidato del* PRI, *The Guardian*, 26 de junio, disponible en www.guardian.co.uk/media/2012/jun/26/escandalo-medios-televisa-candidato-pri

118. Hernández Garza, M. (s/f), *Análisis de las estimaciones de las casas encuestadoras vs los cómputos distritales en la elección de 2012*, Pp. 170-180 en Ref. [109].

119. Ruiz, J. (s/f), *La encuesta del diario Reforma de junio está equivocada*, Pp. 18-20 en Ref. [109].

120. Cota, L.G. (s/f), *Las respetables encuesta*, Pp. 21-24 en Ref. [109].

121. Taibo II, P.I. (2012), E. Poniatowska, H. Díaz Polanco, F. Mejía Madrid, H. Vasconcelos, S. Martínez, P. Miguel, J. Ramírez Cuevas y J. Alfonso Suárez del Real, *FRAUDE 2012*, Para Leer en Libertad A.C, disponible en www.epubbud.com /read.php?g=2SZ977U7&p=1.

122. Ibarra, J. (s/f), *Casillas con diferencias en el total de votos*, página 108 en Ref. [109].

123. Ibarra, J. (s/f), *Pruebas documentales sobre el fraude electoral*, Pp. 127-130 en Ref. [109].

124. Mochan, L. (s/f), *Detección numérica de los mapaches electorales*, Pp. 119-123 en Ref. [109].

125. García Bojórquez, C. (s/f), *1.2 millones de votos robados o agregados: inconsistencias entre votos para presidente y diputados*, Pp. 124-126 en Ref. [109].

126. López Gallardo, J. A. (s/f), *Primer Análisis de las elecciones en México 2012*, Pp. 54-55 en Ref. [109].

127. López Gallardo, J. A. (s/f), *¿Qué tan fácil es obtener un Pearson* r $\geq$ 0.999?, Pp. 60-62 en Ref. [109].

128. Garza, J. (s/f), *Controlando el tendencioso PREP*, Pp. 77-80 en Ref. [109].

129. Altamirano A. y J.A. López Gallardo (s/f), *Correlación entre incremento de votos*, Pp. 81-84 en Ref. [109].

130. López Gallardo, J.A. (s/f), *Correlación de pearson de las diferencias de las diferencias de las diferencias de las diferencias de las diferencias de las diferencias entre datos sucesivos del prep*, Pp. 85-89 en Ref. [109].

131. López Gallardo, J.A. (s/f), *Sexo y muerte en el PREP*, Pp. 101-104 en Ref. [109].

132. García Bojórquez, C. (s/f), *Análisis de las casillas especiales*, página 107 en Ref. [109].

133. González Guzmán, J.A. y J.A. López Gallardo (s/f), *Sexto reporte de análisis electoral*, Pp. 109-112 en Ref. [109].

134. Zavala Hidalgo J., *et al.* (2012), *Estadísticas de la compra y coacción del voto y su cuantificación*, Colloqui, 21 de septiembre, disponible en www.colloqui.org/colloqui/2012/9/21/analisis-de-los-resultados-de-la-eleccion-presidencial-del-2.html.

135. Ávila, M.L. *et al.* (2012), *Análisis de los resultados de la elección presidencial del 2012*, Colloqui, 21 de septiembre, disponible en www.colloqui.org/colloqui/2012/9/21/analisis-de-los-resultados-de-la-eleccion-presidencial-del-2.html.

136. Sánchez Peña, L.E. (2012), *El IFE y la elección del millón de observadores*, Colloqui, 29 de agosto, disponible en www.colloqui.org/colloqui/2012/8/29/ coloquio-de-analisis-sobre-las-elecciones-luis-enrique-sanch.html.

137. Zambrano García, A. (s/f), *Los votos de EPN están inflados en alrededor de 40%*, Pp. 151-169 en Ref. [109].

138. Coloquio de análisis sobre las Elecciones del 2012, coloquio.amlo.org.mx.

139. *Colloqui* (2012), www.colloqui.org/

140. Gaspar, J. (s/f), *BATIPREP: el batidero del PREP*, Pp. 75-76 en Ref. [109].

141. Alonso, A. (s/f), ¿Otra prueba de manipulación en el PREP?, Pp. 66-68 en Ref. [109].

142. Cajas García, J.C. (s/f), ¿Prueba de manipulación en el PREP?, Pp. 63-65 en Ref. [109].

143. Ceballos, H.G. (s/f), *Comparativo del prep y cómputos distritales*, Pp. 113-118 en Ref. [109].

144. De Icaza Herrera, M. y Ibarra Salazar, J. (s/f), *Defensa del voto ciudadano*, Pp. 57-59 en Ref. [109].

145. Becerra Sagredo, J. T. (), *La elección observada y la no observada*, Pp. 90-100 en Ref. [109].

146. Romero Rochín, V. (s/f), *PREP 2012, Fraude cibernético reloaded?*, Pp. 69-74 en Ref. [109].

147. Segovia, C. y F. Lázaro (2015), *Investigado un jefe de campaña del presidente de México, Peña Nieto*, 17 de marzo, disponible en www.elmundo.es/economia/2015/03/17/550898a6268e3e9c368b4575.html.

148. *Perdonan por 521 millones a empresa ligada a hermano de Margarita Zavala* (2016), 23 de septiembre, disponible en http://www.vanguardia.com.mx/articulo/perdonan-por-521-millones-empresa-ligada-hermano-de-margarita-zavala

149. Hernández, A. (2010), *Los señores del narco*, Grijalbo Mondadori, S.A.

150. Horvilleur, G. (2006), *Científicos cuestionan la precisión del IFE en 2006*, 2 de agosto, disponible en www.youtube.com/watch?v=xFjg0Yq4Rv0.

151. Mochán, L. (2006), *Científico habla de los resultados electorales (Mx. 2006)*, 29 de julio, disponible en www.youtube.com/watch?v=BzmAHICKWEI&NR =1.

152. Mochán, L. (2006), *Incertidumbre y errores en las elecciones de 2006.* Ciencias, 84.

153. Zárate, A. (2006), *IFE niega manejo político de resultados preliminares*, *El Universal*, 10 de julio, disponible en www.eluniversal.com.mx/nacion/140415. html.

154. Goldfarb, Z.A. (2010), *Voting equipment maker Diebold settles accounting fraud charges for $25 million*, *Washington Post*, 3 de junio, disponible en www.washingtonpost.com/wp-dyn/content/article/2010/06/02/AR20100602045 09.html

155. Mochán, L. (s/f), *Ver figura 60 en*: http://em.fis.unam.mx/public/mochan/elecciones /#fig60.

156. López, J. A. (2007), *La prueba del último dígito*, 2 de febrero.

157. Rodríguez, F. (s/f), *Mensaje 00475*: http://em.fis.unam.mx/public/mochan/ elecciones/archivos/ msg00475.html.

158. Ruiz, J. (s/f), *Figura 16*: http://em.fis.unam.mx/public/mochan/elecciones/#fig16.

159. Cota Preciado, L.G. (2006), *Elecciones presidenciales en México, simulaciones computacionales y la ley de los grandes números*, 28 de Agosto, disponible en em.fis.unam.mx/~mochan/elecciones/archivos/pdf00017.pdf.

160. Rodríguez Román, C.M. (2006), *Simulación por computadora del fraude electoral*, disponible en em.fis.unam.mx/public/mochan/elecciones/archivos/ppt00001. ppt.

161. López Gallardo, J. A. (2007), ¿Qué tan normal fue la elección del 2006?, 8 de Agosto.

162. Hernández Garza, M. (2012), "Las encuestas, instrumentos de engaño en el 2006".

163. Delgado, Á. (2006), *Complicidad Electoral*, Proceso, 2 de abril.

164. Vargas, M.A. (s/f), ¿*Copeteo, error o vuelco? Encuestadores se defienden*, disponible en www.adnpolitico.com/encuestas/2012/07/06/copeteo-error-o-vuelco-los-encuestadores-se-defienden.

165. Zuckerman, L. (s/f), *"Quién es quién en las encuestas"*, www.nexos.com.mx/?P=leer articulo&Article=2102593]

166. *El Economista* (2009), *Falla PREP de SLP*, 6 de julio, disponible en http://eleconomista.com.mx/politica/2009/07/06/falla-prep-slp.

167. IFE-Tlalpan (2007), *Seminario Avance Tecnológico y e-Democracia*, 21 de noviembre, disponible en www.ife.org.mx/portal/site/ifev2/Detalle_Audio _Video/?vgnextoid=2c9142e3f172a110VgnVCM1000 000c68000aRCRD.

168. Curtis, C. E. (2004), *Como hacer un fraude electrónico*, 13 de diciembre, disponible en www.youtube.com/watch?v=4IfSVQK7Jvo&feature =related

169. Velvet Revolution (2012), *Million Dollar Reward Offered To Expose Election Fraud*, disponible en www.velvetrevolution.us/newVR/index.php?q=node/37

170. Lennard N. (2012), *Did Anonymous stop Rove from stealing the election?*, Salon, 20 de noviembre, disponible en www.salon.com/2012/11/20/did_anonymous_stop_rove _stealing_the_ election/.

171. *Carta de Anonymous a Velvet Revolution* (2012), 8 de noviembre, disponible en http://www. velvetrevolution.us/images/Anon_Rove_Letter.pdf.

172. Ramírez, H. (2011), *Cuentan voto por voto en 2 distritos*, *Reforma*, 9 de febrero, disponible en www.terra.com.mx/noticias/articulo/1041148/Cuentan+voto+ por+voto+en+2+distritos.htm.

173. *Expertos de la Unión Rusa no recomiendan a los matemáticos de la oposición que se metan en política*, *Polit* (2008).

174. *Statistical study results Russian elections 2007-2009*, 2009, 27 de octubre, disponible en www.trvscience.ru/2009/10/27/statisticheskoe-issledovanie-rezultatov-rossijskix-vyborov-2007-2009-gg/.

175. Maldonado Portillo, K. (2012), *Análisis del PREP: el nexo entre la física y la política*, 14 de diciembre, disponible en www.fisica.unam.mx/noticias_ analisisprep2012.php.

176. Mochán, L. (2006), *captura.txt*, disponible en http://em.fis.unam.mx/public/ mochan/elecciones/captura.txt.

177. IFE (s/f), Sistema de consulta de la estadística de las elecciones federales, disponible en www.ife. org.mx/documentos/RESELEC/ SICEEF/index.html.

178. INE (s/f), Histórico de resultados electorales: www2.ine.mx/archivos3/ portal/histórico /contenido/Historico_de_Resultados_Electorales/.

179. Ramírez, B. T. (2009), *Candidato de Convergencia denuncia desinformación del IFE en sus cursos, La Jornada*.

180. Wikipedia (2017), https://en.wikipedia.org/wiki/Electronic_voting_ in_Estonia.

Basta de Fraudes Electorales 1988-2018
se terminó de imprimir en febrero de 2018
el tiraje consta de 1 000 ejemplares